빛과 생명이신

요한복음

예수 그리스도

ESP

기독대학인회(ESF: Evangelical Student Fellowship)는
사도행전 1장 8절에서 선포되고 있는 예수님의 지상 명령에 근거하여
캠퍼스 복음화를 통한 성서 한국, 세계 선교를 주요 목표로 삼고 있는
초교파적 선교 단체입니다.

ESP는
Evangelical Student Fellowship Press의 약어로 기독대학인회(ESF)의
출판부입니다.

ESP 성경공부 시리즈 요한복음

빛과 생명이신 예수그리스도

2021년 3월 1일 초판 1쇄 발행

지은이 ESF 교재편찬위원회
만든이 정사철
내지 디자인 문찬미 서다운
표지 디자인 장윤주

(사)기독대학인회 출판부 (ESP)
서울특별시 도봉구 도봉로 116길 41-4 201호
Tel. 02) 989-3476~7 | Fax. 02) 989-3385 | E-mail. esfpress@hanmail.net
등록 제 12-316호

빛과 생명이신 예수그리스도

요한복음

CONTENTS

요한복음을 공부하기 전에

아무리 시대가 흐르고 사람들이 바뀌어도 변할 수 없는 것은 성경 공부입니다. 성경으로 돌아가자는 구호는 옛 종교개혁 시대에만 외치는 소리가 아닙니다. 오늘날 최첨단 과학 문명 시대를 살아가는 우리들에게도 들려져야 할 외침입니다. 이 시대는 점점 보는 것에 만족하고 생각하기를 싫어하는 양상을 보이고 있습니다. 특히 성경 공부를 하는 것보다도 감성적인 것에 치우친 경향을 보이고 있는 것이 현실입니다. 우리가 성경을 깊이 묵상하는 시간을 갖지 못하고 감성적인 것을 좇아가면 구체적인 삶의 변화를 바랄 수 없게 됩니다.

이런 시대의 흐름 속에서도 ESF 소그룹 성경 공부는 성경 공부의 좋은 전통을 지키고 있습니다. 지난 40여 년 동안 수많은 청년 대학생, 지성인들이 성경 공부의 매력을 경험하였고, 예수 그리스도의 복음을 영접하고 구원 받는 역사가 있었습니다. 대학 강의실에서, 동아리 방에서, 교회에서, 작은 자취방에서 성경 공부하는 모습은 민족의 미래를 밝혀주는 햇불이었습니다.

ESF 소그룹 성경 공부는 다섯 가지 특징이 있습니다.

첫째, 아주 즐겁고 재미있는 성경 공부입니다. 소그룹에서 성경을 한 권 공부해보면, 성경이 이렇게 재미있는 책이었는지 재발견하게 될 것입니다.

둘째, 즐거운 대화식 성경 공부입니다. 아무리 초보자라도 쉽게 참여하여 배울 수 있습니다.

셋째, 체계적인 성경 공부입니다. 성경을 체계적이고, 종합적으로 이해하게 하는 성경 공부입니다.

넷째, 믿음과 삶의 구체적인 적용을 배우는 성경 공부입니다.

다섯째, 소그룹 리더를 길러주는 성경 공부입니다. 소그룹에서 성경 공부를 하면, 대부분 소그룹 성경 공부의 리더가 될 수 있습니다.

John

사복음서 문제집 합본 시리즈는 24회에 한 과목을 마칠 수 있도록 발간되었습니다. 각 복음서의 특성을 고려하여 꼭 필요한 본문들을 중심으로 재미있는 성경 공부를 할 수 있도록 편성되었습니다. 또한 영어 성경 ESV(English Standard Version)를 수록하여 성경 본문의 이해를 돕도록 하였습니다.

본 문제집 내용은 말씀의 자리, 삶의 자리, 말씀의 자리$^{+Plus}$로 구성되어 있습니다.

말씀의 자리는 본문 살피기와 생각하기 문제로 구성되어 있습니다. 성경 본문을 깊이 있게 관찰하며 해석하는 자리입니다.

삶의 자리는 말씀의 자리를 토대로 우리의 삶에 구체적으로 적용하는 문제로 구성되어 있습니다. 본문에서 파악되고 느낀 말씀의 은혜와 원리들을 각자 삶의 자리에 적용시키는 자리입니다.

말씀의 자리$^{+Plus}$는 본문 말씀의 중요한 핵심 내용이나 본문 배경 등을 요약하여 설명하는 자리입니다.

계속하여 한국 교회와 청년 대학생들 가운데 소그룹 성경 공부가 활발하게 일어나서 많은 이들이 예수님을 만나고 복된 인생이 되길 기도합니다.

2021. 3. 1
기독대학인회(ESF)

성경해석의 일반 원리를 알고 공부합시다

1) 성경 해석은 성경으로 해야 합니다.

성경의 가장 정확한 해석은 성경 자체입니다. 구약과 신약을 서로 연결시켜 공부할 때 바르게 이해할 수 있습니다. 의미가 희미한 말씀은 밝은 말씀에 비추어 해석해야 합니다. 상징, 비유, 애매한 부분 등은 병행 구절의 밝은 부분에서 그 뜻을 찾아야 됩니다.

2) 전체를 바라보는 눈으로 종합적으로 해석해야 합니다.

전체를 바라보지 못하고 한 부분에만 집착할 때 오류를 범하게 됩니다. 그러므로 성경 핵심을 파악하고 전체적으로 바라보며 해석해야 됩니다. 성경 전체의 핵심은 하나님의 아들, 예수 그리스도를 통한 인류 구속입니다. 그러므로 성경에 나오는 사건들이 그리스도와 인류 구원에 어떻게 연결되는지 살펴보면서 해석해야 됩니다.

3) 그 당시 시대 배경을 이해해야 합니다.

성경은 그 당시 사람들에 의해 기록되었으므로 당대의 지리, 역사, 풍습, 생활습관, 주변 상황 등을 파악하고 해석해야 됩니다.

4) 언어의 법칙과 문맥의 흐름을 중요시해야 합니다.

성경은 사람의 언어로 기록되었으므로 어휘, 문법의 이해가 중요하고 반드시 문맥의 흐름 속에서 해석해야 합니다. 따라서 일차적으로는 문자적인 해석을 한 다음 영적인 뜻을 찾아야 합니다.

5) 저자의 의도를 파악해야 합니다.

하나님께서 성경 저자의 성격, 교육 정도, 개성 등을 유기적으로 쓰셔서 성경을 기록하도록 하셨으므로 저자가 어떤 의도로 무슨 주제를 전개하는지 살펴보고 특별한 관점과 강조점이 무엇인지 알아야 합니다.

6) 오늘날 나에게 어떻게 적용되는지 살피며 해석해야 합니다.

성경은 비록 과거에 쓰여졌지만 하나님께서는 그 기록된 말씀을 통하여 각 시대 모든 사람들에게 말씀하고 계시므로 성경에 기록된 메시지가 당대 독자들에게 어떻게 들려졌을지를 살피며 지금 나에게 어떻게 적용되는지를 생각해야 됩니다. 지금 나에게 말씀하시는 그 음성을 성령님의 도우심으로 듣게 될 때 말할 수 없는 큰 은혜를 체험하게 될 것입니다.

소그룹 성경 공부의 원리를 알고 공부합시다

1) 성경 공부 목적에 충실해야 합니다.

성경 공부의 목적은 중생, 신앙 성장, 영적 교제입니다. 그러므로 신학 쟁론에 빠진다든지 사소한 것으로 언쟁하느라 에너지를 소모하지 말고, 성경의 깊은 뜻을 깨닫고 하나님의 음성을 듣는 일에 힘써야 됩니다. 그래서 하나님을 인격적으로 만나 중생하고 회개와 믿음의 결단이 이루어지며 서로 배우고 격려하는데 힘써야 됩니다.

2) 기도에 힘써야 합니다.

성경이 성령의 감동으로 기록되었으므로 성령님의 도우심이 있어야 성경의 진리를 깨달을 수 있습니다. 성령님의 감화가 있는 성경 공부가 되도록 기도해야 합니다.

3) 즐거운 분위기를 이루어야 합니다.

혼자 공부할 때는 쉽게 지치지만 여럿이 즐겁게 공부하면 신바람이 납니다. 그러므로 그룹 구성원들이 서로 즐겁게 배우는 분위기를 이루기 위해 협력해야 합니다. 반드시 정성껏 사전 준비 공부를 하고 성경 공부에 참여하는 것이 성공적인 그룹 성경 공부가 됩니다. 서로 앞다투어 연구하고 배우는 모임을 이루면 처음에는 어리고 연약한 모임도 나중에는 성숙하고 강한 모임으로 성장합니다.

4) 개인의 독무대를 만들지 말고 다 함께 참여하는 모임이 되어야 합니다.

그룹 공부의 어려운 점은 몇몇 말하기 좋아하는 사람들이 시간을 독차지해 버리는 것입니다. 이것은 미숙한 태도입니다. 듣기도 하고 묻기도 하며 성숙하게 배워가야 합니다.

5) 분위기를 깨지 말고 적극적으로 참여해야 합니다.

그룹 공부가 어려운 또 다른 이유는 찬물을 끼얹는 사람들이 있기 때문입니다. 성숙한 인도자는 적절한 유머, 성경 읽기 권유, 적당한 때 끌어들이기로 이 문제를 잘 해결하지만, 너무 소극적인 태도로 나오면 몹시 힘이 드는 것이 사실입니다. 듣기도 할뿐더러 묻기도 하면서 적극적으로 참여하는 성경 공부가 되어야 합니다.

6) 성숙한 그룹 공부 참여자가 되어야 합니다.

성숙한 사람은 성경 공부를 잘 준비해 오는 것은 물론 적극적으로 공부에 참여합니다. 진지한 탐구자의 자세, 예리한 분석과 종합, 실생활에의 적절한 적용 등으로 성경 공부 수준을 높여갑니다. 그룹 성경 공부는 아름다운 영적 교제를 겸한 매우 좋은 성경 진리 탐구 방법입니다.

John

요한복음

저자

본문에는 당시 관습대로 저자의 이름이 기록되지 않았습니다. 그러나 저자는 스스로 '예수님의 사랑하시는 제자(21:20, 23, 24)'라 밝히고 있습니다. 저자에 대한 정보가 ① 구약성경과 팔레스타인 지리 풍습에 익숙한 유대인 (2:17; 12:40; 2:12; 4:9; 11:18; 2:13; 10:22; 11:38; 18:28 등)이며 ② 목격자(1:14; 1:39; 3:24; 4:6; 6:22; 19:35; 21:24 등) ③ 열두 사도 중 한 사람(13:23~25; 18:15~16; 21:20~23 등)인 것을 볼 때 사도 요한임이 분명합니다. 초대 교부들(알렉한드리아의 클레멘트, 오리게네스, 이레네우스, 폴리갑)도 세베대의 아들 요한이 제4복음서를 기록했다고 증언하고 있습니다.

사도 요한은 아버지 세베대와 어머니 살로매(예수님의 어머니 마리아의 동생-막 15:40~41; 요 19:25; 마 27:56)의 아들로서 어부였습니다(막 1:19~20). 그는 성격이 매우 급하고 거칠어(눅 9:51~56) 예수님으로부터 '보아너게(우뢰의 아들)'란 별명을 받았습니다(막 3:17). 그러나 그는 사도로 부르심을 받아 예수님의 인격과 삶에 감화를 받아(요 13:23~25) 사랑의 사도가 되어 사랑의 복음인 요한복음, 사랑의 서신인 요한1~3서와 요한계시록을 기록하였습니다. 그는 베드로와 함께 초대 교회의 지도자(행 3:1; 8:14)로서 활동하다 만년에는 에베소 감독으로 지내왔으며 밧모섬에 유배되기도 했습니다(계1:9). 사도 요한을 볼 때 성격이 거친 사람도 예수님을 잘 배우면 위대한 사랑의 사람이 될 수 있음을 깨닫게 됩니다.

기록 연대

전통에 따르면 사도 요한이 말년에 에베소에서 설교하고 가르치며 썼다고 합니다. 그 시기는 대략 주후 80~90년 경으로 보입니다. 사도 요한은 요한복음 20장 31절에 기록한 목적을 밝히고 있습니다.

개요

사도 요한은 요한복음 20:31에 기록한 목적을 밝히고 있습니다. "오직 이것을 기록함은, 너희로 예수께서 하나님의 아들 그리스도이심을 믿게 하려 함이요, 또 너희로 믿고 그 이름을 힘입어 생명을 얻게 하려 함이니라."

첫째는 믿음을 갖게 하기 위해서 기록되었습니다.

당시 그노시스(영지주의) 이단이 나타나서 그리스도의 인성이나 신성을 부인하므로 확고부동한 교리를 세워, 바른 믿음을 가지며 불신자들이 영생을 얻는 믿음을 갖도록 돕기 위함이었습니다.

둘째는 생명을 얻게하기 위함입니다.

식물과 동물 등 생명체가 생명을 필요로 하듯이 영을 가진 사람에게 영의 생명이 필요합니다. 사도 요한은 천국을 소요한 기쁨, 영생을 지닌 감사, 하나님 안에 거하는 즐거움, 영적 진리를 깨닫는 감격이 넘치는 삶을 살게 하려고 요한복음을 기록하였습니다.

주제

요한복음의 주제는 "빛과 생명이신 예수 그리스도"입니다. 말씀을 통해 하나님의 아들 예수 그리스도는 빛이시라고 증거하고 있으며(1:4, 5, 9) 예수님 당신께서도 "나는 세상의 빛이니…"(8:12; 9:5)라고 말씀하셨습니다. 빛은 어두움과 대조적인 개념으로서 어두움이 하나님과의 관계가 단절된 참담함을 가리킨다면, 빛은 그 반대로 하나님을 아버지로 모신 은혜를 가리킵니다. 즉 예수님은 하나님과 단절되어 비참하게 살아가는 사람들에게 하나님의 계시를 밝혀 주고 하나님의 진리를 깨우쳐 주는 빛이십니다.

또한 예수님은 생명이십니다(1:4; 5:26; 11:25). 죄로 인하여 죽을 사람들을 영원한 생명이신 하나님께로 인도하는 영원한 생명이십니다. 그러므로 하나님의 아들 예수 그리스도는 영의 세계의 비밀을 밝혀 주는 빛이시고, 죽음 앞에 절망하고 죽어 가는 인생들에게 구원과 생명을 주시는 영원한 생명이십니다. 빛이시며 생명이신 예수님을 믿어야 함을 매우 강조하는 요한은 요한복음에서 '믿는다'는 단어를 98번이나 사용하고 있습니다.

요한복음

특징

1. 단순하면서도 심오한 복음서입니다.

2. 예수님의 인성과 함께 신성을 강조한 복음서입니다.

3. 하나님의 계시와 함께 사람의 의지적 믿음을 매우 강조한 믿음 복음서입니다.

4. 상징적 의미를 높이 여기고 상징을 잘 사용한 복음서입니다.

   예컨대 성부, 성자, 성령의 3의수와 6일 창조와 7일째 안식함의 완성의 수 인 7을 잘 사용한 것입니다. 각 장마다 3단계로 구분되어 있음도 주목해볼 점입니다(예컨대 1:1~18-빛이신 예수님, 1:19~34-빛의 증거자, 1:5~51-빛으로 나온 사람들). 또한 일곱 가지 선언과 일곱 가지 상징적 표적이 의도적으로 나타나 있습니다.

5. 일곱 가지 선언과 표적

   일곱 가지 선언

   ① "나는 세상의 떡이니(6:35)"

   ② "나는 세상의 빛이니(8:12)"

   ③ "나는 양의 문이라(10:7)"

   ④ "나는 선한 목자라(10:11)"

   ⑤ "나는 부활이요 생명이니(14:6)"

   ⑥ "내가 곧 길이요 진리요 생명이니(14:6)"

   ⑦ "내가 참 포도나무요(15:1)"

   일곱 가지 표적

   ① 물을 포도주로 변화시키심(2:1~7)

   ② 왕의 신하의 아들을 고치심(4:46~54)

   ③ 38년 된 병자를 고치심(5:2~9)

   ④ 5천명을 오병이어로 먹이심(6:4~13)

   ⑤ 물 위를 걸으심(6:16~21)

   ⑥ 나면서 맹인 된 사람을 고치심(9:1~7)

   ⑦ 나사로를 다시 살리심(11:1~44)

6. 대조법 사용이 뛰어납니다.

7. 공관복음과 중복을 피하고 보충적으로 기록되었습니다.

8. 철학적, 신학적 진리를 깊이 있게 다루고 있는 특징 있는 복음서입니다.

1:1~18	서문
1:19~51	세례요한의 증거와 첫 제자들
2:1~12:50	세상에 자신을 나타내신 예수님(가르치시고 치유하심)
13:1~17:26	제자들에게 자신을 나타내신 예수님(제자들에게 주신 부탁과 기도)
18:1~21:25	영화롭게 되신 예수님(고난, 죽으심, 부활)

1. 예수님의 인성(4:6; 19:28)과 신성(1:1~3, 15, 16)을 생각해 보십시오.

2. 한 영혼을 깊이 사랑하시는 메시아로서의 인류애를 3, 4장을 비교하여 연구해 보십시오.

3. 예수님의 빛 되심(8, 9장), 생명 되심(5, 6, 11장)을 묵상해 보시오.

4. 예수님의 일곱 가지 선언과 일곱 가지 표적이 담고 있는 의미를 깊이 연구해 보십시오.

5. 요한복음 전체에서 믿음을 어떻게 가르치고 있는지 연구해 보시오.

6. 예수님의 고별 메시지와 기도(13~17장)를 각 장의 주제 중심으로 연구해 보십시오.

7. 예수님의 십자가 죽음과 부활 사건을 통하여 예수님의 메시아 되심을 생각해 보십시오.

생명의 말씀

그 안에 생명이 있었으니 이 생명은 사람들의 빛이라

시작하는 이야기

본문은 요한복음 서론으로 예수님의 생애와 업적을 시적 표현으로 요약해 주고 있습니다. 이 서론을 통해 우리는 요한복음이 공관복음서(마태, 마가, 누가복음)와는 많은 점에서 다르다는 사실을 발견하게 됩니다. 마태복음이 예수 그리스도의 기원을 아브라함과 다윗에 두고 있고, 누가복음이 아담에게 두고 있는데 비해서, 본서는 창세 이전 영원하신 하나님께 예수 그리스도의 기원을 두고 있습니다.

하나님의 아들인 예수님을 "말씀"(logos)으로 표현하고 있습니다. 말을 통해 다른 사람들에게 마음을 표현하듯이, 하나님의 아들이 아버지의 마음을 세상에 계시하기 위해서 보내심을 받았기에 예수님을 "말씀"(logos)으로 표현한 것입니다.

미국의 시인 에머슨(1803~1882)은 "인류 역사의 기원은 예수 그리스도의 생애를 기점으로 한다. 실로 예수 그리스도의 엄청난 영향력은 오늘날까지 수많은 크리스천을 생성하기에 이르렀다"라고 말했습니다. 생명의 말씀되신 예수 그리스도를 알아감으로 영원한 생명을 얻을 수 있길 바랍니다.

1. 예수님은 본래 하나님이십니다. 말씀은 언제 계셨으며, 말씀과 하나님과의 관계가 어떠합니까(1, 2)? 말씀과 만물과의 관계는 어떠합니까(3)? 말씀 안에 무엇이 있으며, 이것이 사람에게 무슨 의미가 있습니까(4, 5)?

2. 예수님의 증거자 세례요한에 대한 기록입니다. 요한은 어떤 사람이며, 그의 사명은 무엇입니까(6~8)?

ESV

[1] In the beginning was the Word, and the Word was with God, and the Word was God. [2] He was in the beginning with God. [3] All things were made through him, and without him was not any thing made that was made. [4] In him was life, and the life was the light of men. [5] The light shines in the darkness, and the darkness has not overcome it. [6] There was a man sent from God, whose name was John. [7] He came as a witness, to bear witness about the light, that all might believe through him. [8] He was not the light, but came to bear witness about the light.

3. 참 빛에 대한 사람들의 두 가지 반응은 무엇입니까(9~11)?
   참 빛을 영접하는 자에게 주어지는 권세는 무엇입니까(12)?
   우리가 어떻게 하나님의 자녀가 될 수 있습니까(13)?

4. 본문은 성육신하신 예수님이 어떠한 분이신가를 보여줍
   니다. 말씀이 육신이 되신 목적이 무엇이며, 그 영광이 어
   떠합니까(14)?

5. 모세를 통해 주신 것이 무엇이며, 예수님을 통해 온 것이 무엇입니까(17)? 예수님 안에 풍성함이 어떠합니까(16)? 인간에게 하나님을 보여주신 유일한 분이 누구입니까(18)?

ESV

15 (John bore witness about him, and cried out, "This was he of whom I said, 'He who comes after me ranks before me, because he was before me.'") 16 For from his fullness we have all received, grace upon grace. 17 For the law was given through Moses; grace and truth came through Jesus Christ. 18 No one has ever seen God; the only God, who is at the Father's side, he has made him known.

1. 예수님을 상징하는 단어들을 찾아보고 각각의 의미들을 설명해 보시오. 특별히 예수님을 "말씀"이라고 표현한 이유가 무엇이겠습니까? 신성과 인성을 한 몸에 지니신 예수님께서 이 땅에 성육신하신 은혜가 당신에게 주는 의미가 무엇입니까?

2. 사람이 어떻게 하나님의 자녀가 될 수 있습니까? 하나님의 자녀가 되는 것이 왜 그렇게 영광스러운 것입니까? 당신은 빛과 생명이신 예수님을 통하여 어떠한 영향을 받았으며, 기대하고 있습니까?

함께 기도합시다

성육신의 의미

인류 역사상 예수님처럼 독특한 인격을 가지신 분은 없습니다. 예수님은 하나님이시지만 인간이시기 때문입니다. 이 사실은 인간이 풀 수 없는 신비입니다. 어떻게 한 분 인격 내에 신성과 인성이 동시에 있을 수 있는가? 어떻게 한 장소에 두 존재가 있을 수 있는가?

신성을 가지신 예수님께서 인간이 되어야 할 필요성은 우리를 구속하기 위해서입니다. 예수님의 신성은 죄의 값을 지불하기 위한 것이요, 인성은 우리를 속량하기 위한 것으로 예수님은 성육신하실 수밖에 없었습니다. 죄인을 구원하기 위해서는 반드시 죄가 없어야만 하기 때문입니다. 파산 선고를 받은 자가 빚보증을 설 수 없는 것과 같습니다.

예수님은 피조물의 인성을 취하시고 종의 형태로 마리아의 몸을 빌려 이 땅에 오셨습니다(빌 2:6~8). 예수님은 하나님의 계시의 말씀 자체입니다. 그리하여 사도 요한은 어두움을 밝히는 참 빛으로 예수님을 소개합니다. 또한 모든 인류의 죄를 씻기시고 그들을 생명으로 이끄시는 구원자로 말씀하십니다. 그 안에 생명이 있습니다. 이 생명은 단순한 자연적 목숨을 의미하는 것이 아니라 영원한 영적 생명, 주님을 통하여 얻을 수 있는 영원한 생명을 의미합니다. 그러나 세상은 자신들의 죄가 눈을 가리어 그 분을 알지 못하게 했고, 이스라엘 백성들은 오해하여 거절했습니다. 그렇지만 하나님의 주권적 섭리와 은총 가운데 이 예수님을 영접하는 자는 하나님의 자녀가 되는 축복을 받습니다. 더 나아가 그의 충만함으로 은혜와 진리를 넘치도록 받아 누리게 됩니다. 할렐루야!

2과

제자들을 부르신 예수님

요한복음 1:35~51(39)

예수께서 이르시되 와서 보라 그러므로 그들이 가서 계신 데
를 보고 그 날 함께 거하니 때가 열 시쯤 되었더라

시작하는 이야기

　본문은 예수님의 사역이 어떻게 시작되었는지 말해줍니
다. 예수님께서 세례 받으신 후 3일째 되던 날에 이루어진
사건으로 예수님은 그의 사역 가운데 가장 중요한 제자 삼
는 일을 하셨습니다. 열두 제자 중 초대 교회 초석을 놓을
안드레, 요한, 베드로를 택하시고 그 다음 날 빌립과 나다나
엘을 택하십니다.

　예수님께서 이 땅에 오신 것은 인류의 죄를 대속하는 십
자가 사역을 수행하시기 위함이었습니다. 그러나 이런 십자
가 사역 못지않게 매우 중요한 또 다른 사역은 당신의 구속
사역을 계승하여 끝까지 구원의 복음을 지키고 널리 전파할
제자를 택하는 일이었습니다. 우리 주님은 열두 제자를 택하
시고 양육하시며 훈련시키는 일에 심혈을 기울이셨습니다.
예수님께서 열두 제자를 택하신 사건은 매우 특기할 만한 중
요한 일이기에 공관 복음서 저자들은 모두 이 사건을 빼놓
지 않고 기록하고 있습니다. 본문에 의하면 예수님의 제자들
은 한날한시에 부름을 받은 것이 아니라 각기 다른 날, 각 개
인적인 결단이나 전도에 의해 예수님의 제자가 되었습니다.

　예수님의 제자가 되기에 합당한 신앙 자세는 과연 어떠한
것인지 깊이 생각해 보는 시간이 되길 바랍니다.

1. 세례 요한으로부터 그리스도에 관한 증거를 들었던 요한의 제자 두 사람이 예수님을 좇게 된 과정을 말해보시오 (35~37). 예수님은 자기를 따르는 두 제자에게 무슨 질문을 하였습니까(38)? 어떻게 초청하십니까(39)? 초청 받은 자들의 반응이 어떠합니까(39)?

2. 세례 요한의 제자였다가 후에 예수님의 제자가 된 두 사람은 누구입니까(40)? 예수님과 인격적 만남을 통해 그가 경험한 예수님을 누구라고 고백합니까(41)?

ESV

[35] The next day again John was standing with two of his disciples, [36] and he looked at Jesus as he walked by and said, "Behold, the Lamb of God!" [37] The two disciples heard him say this, and they followed Jesus. [38] Jesus turned and saw them following and said to them, "What are you seeking?" And they said to him, "Rabbi" (which means Teacher), "where are you staying?" [39] He said to them, "Come and you will see." So they came and saw where he was staying, and they stayed with him that day, for it was about the tenth hour. [40] One of the two who heard John speak and followed Jesus was Andrew, Simon Peter's brother. [41] He first found his own brother Simon and said to him, "We have found the Messiah" (which means Christ).

3. 시몬 베드로는 어떻게 예수님께 나오게 되었습니까(41, 42)?
   예수님은 그에게 무슨 말씀을 하셨습니까(42)? 그 의미를
   생각해 보시오.

4. 빌립은 어떻게 예수님을 따르게 되었습니까(43, 44)? 빌
   립은 어떠한 사람입니까(45)? 빌립은 누구를 전도하였습
   니까(46; 막 3:18)?

ESV

42 He brought him to Jesus. Jesus looked at him and said, "You are Simon the son of John. You shall be called Cephas" (which means Peter). 43 The next day Jesus decided to go to Galilee. He found Philip and said to him, "Follow me." 44 Now Philip was from Bethsaida, the city of Andrew and Peter. 45 Philip found Nathanael and said to him, "We have found him of whom Moses in the Law and also the prophets wrote, Jesus of Nazareth, the son of Joseph." 46 Nathanael said to him, "Can anything good come out of Nazareth?" Philip said to him, "Come and see."

5. 편견을 가졌던 나다나엘이 어떻게 예수님이 하나님이심을 알게 되었습니까(47~49)? 예수님은 나다나엘에게 무슨 소망을 주셨습니까(50, 51)? 그 의미를 생각해 보시오.

ESV

[47] Jesus saw Nathanael coming toward him and said of him, "Behold, an Israelite indeed, in whom there is no deceit!" [48] Nathanael said to him, "How do you know me?" Jesus answered him, "Before Philip called you, when you were under the fig tree, I saw you." [49] Nathanael answered him, "Rabbi, you are the Son of God! You are the King of Israel!" [50] Jesus answered him, "Because I said to you, 'I saw you under the fig tree,' do you believe? You will see greater things than these." [51] And he said to him, "Truly, truly, I say to you, you will see heaven opened, and the angels of God ascending and descending on the Son of Man."

1. 처음 다섯 제자들이 각각 어떠한 방법으로 빛이신 예수님께 나오게 되었습니까? 예수님은 획일적으로 제자들을 부르시지 않으시고 인격적인 교제를 통한 만남과 개인 전도를 통해 부르셨습니다. 이 모습에서 당신이 느낀 점을 나누어 보시오.

2. 예수님과의 만남은 비록 짧았지만 제자들은 손꼽아 기다리던 메시아를 만났고, 그 기쁨을 전도로 드러냈습니다. 당신은 예수님을 어떠한 분으로 알고 있습니까? 또한 전도하는 사람들을 이상한 눈으로 바라본 적은 없습니까? 예수님께서 당신을 부르신 의미를 생각해 보시오.

예수님의 제자

성경에서 '제자(헬라어:마테테스)'라는 명사는 264회 이상 나옵니다. 그것도 복음서들과 사도행전에만 나옵니다. 헬라어에서 이 단어는 일정 직업의 도제, 일정 업종에 대한 학생을 의미합니다. '모세의 제자'는 모세의 율법을 배우는 학생들이요, '바리새인의 제자'는 히브리 율법과 유대 전승들에 대한 정확하고 상세한 지식에 몰두해 있는 사람들입니다. '제자'는 교사의 가르침을 배울 뿐만 아니라 그들에게 자신의 삶을 완전히 헌신하는 자들입니다.

예수님의 부르심은 랍비들의 세계처럼 제자가 자신의 교사를 선택하여 그의 학교에 자발적으로 가입하는 것이 아니라, 예수님께서 주도권을 가지고 절대적·개인적으로 부르셔서 당신을 따르도록 하는 것이었습니다. 예수님의 제자의 삶은 비싸고 전적인 희생이 있어야 했습니다.

오늘 본문의 안드레, 요한, 베드로, 빌립, 나다나엘은 예수님의 자격시험에 합격한 자들입니다. 예수님께서 안드레와 요한에게는 "무엇을 구하느냐?" 물으심으로 예수님을 따르는 동기를 시험했고, 빌립에게는 예수님의 가정 환경이나 세상의 교육 수준이 아닌 참 진리의 말씀을 순종하는지 시험했습니다. 베드로와 나다나엘에게는 인습과 통념을 넘어 참 신앙인으로 살고자 하는 마음이 있는지 시험했습니다.

예수님의 제자가 된다는 것은 자기를 부인하고 자기 십자가를 지고 예수님을 좇는 것입니다. 예수님께 대한 전폭적인 순종의 삶이 조금은 고통스럽긴 하지만 자기 생명을 버리는 그곳에서 참된 제자 됨을 발견하게 됩니다. 당신은 예수님의 제자입니까?

3과

물을 포도주로 변화시키신 예수님

요한복음 2:1~11(11)

예수께서 이 첫 표적을 갈릴리 가나에서 행하여 그의 영광을 나타내시매 제자들이 그를 믿으니라

요한복음에는 7개의 표적이 기록되어 있습니다. 예수님의 초자연적인 사건을 단순한 '이적(miracle)'으로 보지 않고 '표적(sign)'으로 이해합니다. 본문은 그중 첫 번째 표적으로 가나 혼인 잔치에서 물로 포도주를 만드신 사건입니다.

주님께서는 최초의 이적을 세례 요한처럼 거칠고 황량한 광야에서 행하지 않으시고 혼인 잔치 집에서 행하시며 직접 자신이 메시아임을 밝히십니다. 예수님은 복음이 세상과 동떨어진 곳이 아닌 바로 이 세상을 살아가는 우리 모든 인간들의 실생활에서 실제적이고 구체적으로 필요로 하는 생명의 원천임을 보여주신 것입니다.

예수님은 이적을 통하여 당신이 만물의 조성자요 통치자이심을 선포하며, 예수님께서 이 땅에 오신 목적이 포도주의 즐거움처럼 천국의 기쁨임을 소개하고 실현시키기 위함임을 보여주셨습니다.

'가나의 기적'을 통하여 어떻게 이 변화의 능력을 덧입을 수 있는지 배우길 바랍니다.

1. 혼인 잔치가 있었던 때와 장소, 나오는 사람들에 대해 말해보시오(1, 2). 그 분위기가 어떠했을 것 같습니까?

2. 잔칫집에 무슨 문제가 생겼습니까(3)? 마리아는 이 문제를 해결하기 위해 어떻게 했습니까? 마리아는 왜 주인에게 나아가지 않았을까요?

3. 예수님의 대답이 무엇입니까(4)? 그럼에도 마리아의 반응은
   어떻습니까(5)? 마리아의 믿음을 생각해 보시오.

____

____

____

____

____

____

4. 예수님께서 하인들에게 무슨 명령을 하셨습니까(6~8)? 하인
   들의 반응은 어떻습니까? 이때 무슨 기적이 일어났습니까(9)?
   변화의 능력을 말해 보시오.

ESV

4 And Jesus said to her, "Woman, what does this have to do with me? My hour has not yet come." 5 His mother said to the servants, "Do whatever he tells you." 6 Now there were six stone water jars there for the Jewish rites of purification, each holding twenty or thirty gallons. 7 Jesus said to the servants, "Fill the jars with water." And they filled them up to the brim. 8 And he said to them, "Now draw some out and take it to the master of the feast." So they took it. 9 When the master of the feast tasted the water now become wine, and did not know where it came from (though the servants who had drawn the water knew), the master of the feast called the bridegroom

5. 연회장의 소감은 어떠합니까(10)? 처음 표적의 결과는
   무엇입니까(11; 요 20:31)?

ESV

10 and said to him, "Everyone serves the good wine first, and when people have drunk freely, then the poor wine. But you have kept the good wine until now." 11 This, the first of his signs, Jesus did at Cana in Galilee, and manifested his glory. And his disciples believed in him.

1. 물이 포도주로 변화된 과정을 살펴보시오. 예수님은 어떠한 사람들을 통해서 변화의 역사를 이루십니까? 내 인생과 나의 가정, 우리 공동체와 사회의 변화를 일으키기 위해 당신이 구체적으로 무엇을 해야겠습니까?

2. 예수님께서 혼인 잔치 집에서 첫 번째 기적을 행하신 사실을 통해 기독교의 성격에 대해서 알 수 있는 바가 무엇입니까? 이 변화의 기적은 곤경에 처한 신랑을 돕는 차원이라기보다는 창조주로서 만물에 대한 주권을 선포하는데 목적이 있었습니다. 당신에게 이 기적은 어떤 의미로 다가옵니까?

함께 기도합시다

삶의 자리

혼인 잔치의 기쁨

인생에서 가장 가슴 설레고 기쁜 날이 혼인 잔치일 것입니다. 이스라엘의 결혼잔치는 주로 수요일에 시작하여 7일 동안 축하연을 합니다. 그들은 우리나라와 달리 먼저 잔치를 합니다. 낮 시간 동안은 시간의 제한 없이 먹고 마시고 잔치를 즐기다 저녁 늦게 결혼식을 올립니다.

혼인 잔치에서 가장 중요한 음식은 포도주였습니다. 이미 초청한 손님들의 수가 어느 정도 정해져 있기 때문에 부족하지 않도록 준비합니다. 가끔 불청객들이 들이닥치거나 초청 받은 손님들이 많이 마시면 모자라는 경우도 있을 수 있습니다. 이런 일이 생기면 손님 대접을 제대로 하지 못한 집안으로 낙인 찍혀 주인이 매우 난처한 처지가 될 수 있습니다.

혼인 잔치에서 포도주는 사람들에게 즐거움을 주는 아주 중요한 음료수입니다. 예수님이 없는 인생은 겉으로는 아름답고 화려한 듯 보이나, 실상은 포도주가 떨어진 잔칫집 주인의 심정처럼 초조함과 당혹감으로 가득 차 있습니다. 신랑 신부의 화려한 의상, 풍성한 잔치 음식, 여기저기 들려오는 웃음소리 등 요란해 보이지만 공허하고 안타까움만이 공존할 뿐입니다. 이 세상에서 누릴 수 있는 부귀와 영화를 다 누린 솔로몬은 전도서에서 "모든 것이 헛되고 헛되다"라고 고백하였습니다. 우리 주님 없는 이 세상에서는 영원한 기쁨이나 즐거움을 누릴 수 없습니다. 또한 어떠한 변화의 능력도 덧입을 수 없습니다.

값없이 주시는 은혜롭고 풍성하신 주님을 영접함으로 그 안에서 영원한 기쁨과 즐거움을 누리는, 지혜로운 자들이 되길 바랍니다. 주님은 여러분의 인생을 행복하게 만드십니다.

4과

거듭나는 길

요한복음 3:1~16(3)

예수께서 대답하여 이르시되 진실로 진실로 네게 이르노니
사람이 거듭나지 아니하면 하나님의 나라를 볼 수 없느니라

본문은 유대 최고의 지성 니고데모 예수님과의 개인적인 대화 내용입니다. 니고데모는 예루살렘 사람들처럼 예수님의 표적과 기사를 보고 믿은 사람이었습니다. 당시 예수님의 권세와 소문은 일순간 유대 전 지역을 휩쓸었습니다. 니고데모는 유대의 최고 종교 법정인 산헤드린 공의회의 회원이요, '열심 있는 신앙인'으로 자처하는 바리새파 소속이었으며, 성경에 정통하기로 유명한 율법학자 랍비였습니다. 그는 한 마디로 하나님 나라를 기다리던 신실한 율법 선생이었던 것입니다. 그런데 당시 유대 사회에서 거의 이단시 된 예수님을 방문한다는 것은 쉽지 않은 결정이었습니다. 그렇지만 니고데모의 자기완성을 추구하는 삶은 멈출 수 없었습니다. 그의 진지한 삶의 태도가 없었다면 거듭남이 왜 중요한지 알지 못했을 것이요, 어떤 면에서 예수님과 동문서답처럼 들리는 대화가 없었다면 거듭남의 방법도 알지 못했을 것입니다. 예수님의 말씀은 세상 지혜와 지식으로는 알 수 없습니다.

이 시간 성령께서 하늘의 비밀을 깨닫게 하시고 성경을 공부하는 우리에게 거듭남의 은혜가 함께하길 기도합니다.

1. 니고데모는 어떠한 사람입니까(1, 10; 19:39)? 니고데모가 언제 예수님을 찾아왔습니까(2)? 왜 찾아온 것 같습니까(2:23)?

2. 예수님의 대답을 통해서 볼 때 니고데모의 고민이 무엇이었던 것 같습니까(3)? 니고데모에게 가장 필요한 것이 무엇이라고 강조하십니까?

ESV

[1] Now there was a man of the Pharisees named Nicodemus, a ruler of the Jews. [2] This man came to Jesus by night and said to him, "Rabbi, we know that you are a teacher come from God, for no one can do these signs that you do unless God is with him." [3] Jesus answered him, "Truly, truly, I say to you, unless one is born again he cannot see the kingdom of God."

3. 니고데모는 예수님의 말씀을 어떻게 오해했습니까(4)?
   예수님은 영적인 탄생을 어떻게 설명해 주십니까(5~7)?
   성령의 역사를 어떻게 비유하여 주십니까(8)?

4. 예수님의 말씀에 대한 니고데모의 반응이 어떠합니까(9)? 그가
   말씀을 이해하지 못한 이유가 무엇입니까(10, 11)? 신앙을 가지
   는 데 있어서 지성의 한계를 말해보시오.

ESV

4 Nicodemus said to him, "How can a man be born when he is old? Can he enter a second time into his mother's womb and be born?" 5 Jesus answered, "Truly, truly, I say to you, unless one is born of water and the Spirit, he cannot enter the kingdom of God.
6 That which is born of the flesh is flesh, and that which is born of the Spirit is spirit. 7 Do not marvel that I said to you, 'You must be born again.' 8 The wind blows where it wishes, and you hear its sound, but you do not know where it comes from or where it goes. So it is with everyone who is born of the Spirit."
9 Nicodemus said to him, "How can these things be?" 10 Jesus answered him, "Are you the teacher of Israel and yet you do not understand these things? 11 Truly, truly, I say to you, we speak of what we know, and bear witness to what we have seen, but you do not receive our testimony.

5. 니고데모가 영생을 얻으려면 어떻게 해야 합니까
   (12~15)? 하나님께서 인간을 얼마나 사랑하셨습니까
   (16)? 그 이유가 무엇입니까?

ESV

[12] If I have told you earthly things and you do not believe, how can you believe if I tell you heavenly things? [13] No one has ascended into heaven except he who descended from heaven, the Son of Man. [14] And as Moses lifted up the serpent in the wilderness, so must the Son of Man be lifted up, [15] that whoever believes in him may have eternal life. [16] "For God so loved the world, that he gave his only Son, that whoever believes in him should not perish but have eternal life.

삶의 자리

1. 니고데모가 어떤 점에서 자기를 완성한 사람이라고 할 수 있습니까? 이러한 니고데모가 왜 밤에 예수님을 찾아왔을까요? 그의 인생의 근본적인 문제가 무엇입니까? 당신은 지금 어떠한 문제로 고민하고 있습니까? 근본적으로 해결할 수 있는 길이 무엇이라고 생각하십니까?

2. 거듭난다는 것이 무엇입니까(고후 5:17)? 어떻게 거듭날 수 있습니까? 니고데모를 향해 중생의 원리를 가르치신 예수님께서 모세가 광야에서 뱀을 들었던 역사적 사건을 예로 십자가의 죽음을 가르치셨습니다. 우리의 구원을 위해 보여주신 하나님의 사랑을 말해보십시오. 당신은 거듭났습니까?

함께 기도합시다

바람 같은 성령

　'바람'에 해당하는 헬라어 '프뉴마'는 '성령'을 뜻하는 단어입니다. 본문에서 바람을 성령의 역사에 비유하였습니다. 바람은 신비한 면을 가지고 있습니다. 어디서 생겨서 어디로 불며 소멸하는지 그 당시 사람들로서는 도무지 추적할 수 없는 자연 현상이었습니다. 물론 오늘날에는 인공위성을 통해 바람의 생성 과정 및 진로를 추적하고 관찰할 수 있습니다. 때문에 예수님의 설명이 이상하게 들릴지도 모릅니다. 그러나 예수님은 당시 사람들이 알고 있는 상식에 근거하여 말씀하셨습니다. 바람이 물체에 부딪힐 때 소리가 납니다. 큰 아름드리나무가 넘어지기도 하면서 흔적을 남깁니다. 분명한 것은 인간이 바람의 존재를 안다는 것입니다. 이와 같이 성령도 불가사의하고 신비하지만 사람들의 변화를 통해 분명히 존재함을 말해줍니다.

　성령은 '하나님의 영'(고전 2:11), '그리스도의 영'(갈 4:6)으로 묘사합니다. 성령을 '영'이라 묘사한 것은 제1위 성부와 제2위 성자의 섭리와 뜻을 실현시키는 사역을 감당하기 때문입니다. 성령은 제3위의 하나님이십니다. 따라서 하나님의 속성을 지니며 창조, 중생, 부활 등 하나님의 사역을 수행합니다. 성령은 지知, 정情 의意를 가지신 존재로서, 인간을 인도하고 가르치며 감화시키는 인격적인 존재이십니다. 예수님께서 니고데모에서 말씀하셨듯이 거듭난다는 것은 '위로부터 난다'는 의미로, 영혼이 다시 태어나는 것을 말합니다. 이 일은 전적으로 하나님께서 하시는 일입니다. 사람이 중생에 이르게 되는 것은 성령의 신비로운 역사로 이루어지지만 중생의 체험은 예수 그리스도의 구속 사역에 기초하고 있습니다. 모세로 하여금 놋 뱀을 만들어 장대에 높이 달게 하사 이를 쳐다보는 자들은 나음을 입는 은혜를 베푸시듯이, 예수님께서 십자가에 달리심으로 인류를 죄 가운데서 구원하실 분으로 믿는 자들에게 은혜를 베푸는 것과 같습니다. 중생의 체험을 하지 않고는 아무도 하나님 나라에 들어갈 수 없습니다. 니고데모는 분명 성공한 인생이지만 그의 근본 문제는 거듭남으로만 해결됩니다.

5과

솟아나는 샘물

내가 주는 물을 마시는 자는 영원히 목마르지 아니하리니 내가 주는 물은 그 속에서 영생하도록 솟아나는 샘물이 되리라

　본문은 예수님께서 유대 지방을 떠나 갈릴리로 되돌아가시는 도중, 사마리아 지방을 통과하실 때의 사건입니다. 사마리아는 B.C. 722년 경 앗수르의 침공에 따라 종교와 혈통의 순수성을 잃어버린 사람들이 사는 지역이었습니다. 따라서 선민의식에 집착해 있던 유대 민족과는 적대 관계에 놓일 수밖에 없었습니다. 예수님은 이 같은 오랜 장벽을 허무시고자 의도적으로 사마리아 지역 전도 여행을 단행하십니다. 떳떳하지 못한 인생을 살면서 멸시받고 소외되어 있는 사마리아 지역의 사람들에게 구원의 빛을 비추기 위함이었습니다. 예수님은 그중에서도 모든 사람들이 접촉을 꺼리는 한 부도덕한 여인을 만나기 위해 정오까지 시간을 맞추셨습니다. 무더위를 무릅쓰고 비지땀을 흘리며 육신이 지치고 피곤함에도 언덕 위에 자리 잡은 작은 마을(수가 성)을 찾으셨습니다. 이상한 남자로 오해를 받아 가면서도 대화를 계속 진행하시며 사마리아 여인에게 복음 진리를 깨우쳐주셨습니다.

　낮고 천한 이 세상에 찾아오신 예수님은 소외된 계층에도, 다른 인종을 차별하는 지역에도 찾아가셔서 생수를 전하셨습니다. 이 시간 우리 주님의 영혼을 섬기고 사랑의 마음을 배우는 시간이 되길 바랍니다.

1. 사건이 일어난 때와 장소, 등장인물을 찾아보십시오.
   예수님께서 왜 유대를 떠나고자 하셨습니까(1~3)? 당시
   유대인들이 갈릴리를 갈 때 사마리아 땅을 피하고자 요
   단 동편으로 돌아갔지만 예수님은 달랐습니다. 예수님께
   서는 어떠한 결심을 하셨습니까(4)?

2. 예수님께서는 어떠한 형편에 계셨습니까(5, 6)? 예수님은 사
   마리아 여인과 어떻게 대화를 시작하셨습니까(7, 8)? 당시 유
   대인과 사마리아인의 관계가 어떠합니까(9)?

ESV

[1] Now when Jesus learned that the Pharisees had heard that Jesus was making and baptizing more disciples than John [2] (although Jesus himself did not baptize, but only his disciples), [3] he left Judea and departed again for Galilee. [4] And he had to pass through Samaria. [5] So he came to a town of Samaria called Sychar, near the field that Jacob had given to his son Joseph. [6] Jacob's well was there; so Jesus, wearied as he was from his journey, was sitting beside the well. It was about the sixth hour. [7] A woman from Samaria came to draw water. Jesus said to her, "Give me a drink." [8] (For his disciples had gone away into the city to buy food.) [9] The Samaritan woman said to him, "How is it that you, a Jew, ask for a drink from me, a woman of Samaria?" (For Jews have no dealings with Samaritans.)

3. 예수님께서 여인에게 주고자 하신 것이 무엇입니까(10)? 여인은 문자적으로 어떻게 받아들입니까(11, 12)? 예수님은 비유적으로 말씀하셨던 것을 어떻게 다시 설명해 주십니까(13, 14)?

4. 여인의 요구가 어떻게 달라졌습니까(15)? 이때 예수님의 대답이 무엇입니까(16)? 무뎌졌던 양심을 가진 여인이 예수님을 누구로 인정합니까(17~19)?

10 Jesus answered her, "If you knew the gift of God, and who it is that is saying to you, 'Give me a drink,' you would have asked him, and he would have given you living water." 11 The woman said to him, "Sir, you have nothing to draw water with, and the well is deep. Where do you get that living water? 12 Are you greater than our father Jacob? He gave us the well and drank from it himself, as did his sons and his livestock." 13 Jesus said to her, "Everyone who drinks of this water will be thirsty again, 14 but whoever drinks of the water that I will give him will never be thirsty again. The water that I will give him will become in him a spring of water welling up to eternal life." 15 The woman said to him, "Sir, give me this water, so that I will not be thirsty or have to come here to draw water." 16 Jesus said to her, "Go, call your husband, and come here." 17 The woman answered him, "I have no husband." Jesus said to her, "You are right in saying, 'I have no husband'; 18 for you have had five husbands, and the one you now have is not your husband. What you have said is true." 19 The woman said to him, "Sir, I perceive that you are a prophet.

5. 예수님께서는 올바른 예배에 대하여 어떻게 가르쳐 주십
   니까(20~24)? 특별히 예배는 형식적인 것이 아니라 마
   음을 드리는 것이라고 말씀하십니다(24). 여인이 메시아
   에 대한 대망을 가졌을 때 예수님께서 자신의 신분을 어
   떻게 드러내십니까(26)?

ESV

20 Our fathers worshiped on this mountain, but you say that in Jerusalem is the place where people ought to worship." 21 Jesus said to her, "Woman, believe me, the hour is coming when neither on this mountain nor in Jerusalem will you worship the Father. 22 You worship what you do not know; we worship what we know, for salvation is from the Jews. 23 But the hour is coming, and is now here, when the true worshipers will worship the Father in spirit and truth, for the Father is seeking such people to worship him. 24 God is spirit, and those who worship him must worship in spirit and truth." 25 The woman said to him, "I know that Messiah is coming (he who is called Christ). When he comes, he will tell us all things." 26 Jesus said to her, "I who speak to you am he."

1. 예수님을 만나기 전 사마리아 여인은 어떠한 사람이었습니까? 그 여인은 무엇을 통해 인생의 참 만족을 얻고자 했습니까? 결과는 어떠합니까? 당신은 인생의 참 만족을 얻기 위해 무엇을 추구하고 있는지 생각해 보십시오. 예수님께서 주시는 솟아나는 샘물을 먹는 자는 두 번 다시 목마르지 않을 줄 믿습니까?

2. 우리가 목마르지 않는 생수를 얻기 위해서는 자신의 죄를 고백하고 사죄의 은총을 받아야 합니다. 예수님께서는 사마리아 여인의 치명적인 죄를 들추어내심으로 치유해 주시고, 생수 되신 성령님을 모시고 풍요로운 축복의 삶을 누리도록 합니다. 당신은 이러한 회개를 해본 적이 있습니까(요일 1:9)? 치유 받지 못한 마음의 병이 무엇입니까? 예수님께서는 죄 많은 여인이 생수를 얻기까지 사랑과 겸손으로 섬기셨음을 기억하고 용기를 가지십시오.

함께 기도합시다

삶의 자리

진정한 예배

사마리아 여인은 평소에 종교 문제로 갈등하고 있었습니다. 유대인과 사마리아인들이 자기들의 종교의 정통성 문제 때문에 수백 년 동안 반목하여 왔다는 사실을 알고 있었습니다. 유대 나라 사람들은 '예루살렘에 계시는 하나님이 참 신이시기 때문에 예루살렘에서 드리는 예배만이 하나님께서 진정으로 받으신다' 고 했습니다. 반면 사마리아 사람들은 '예루살렘 하나님은 거짓 신이며 그리심 산에서 드리는 예배만이 진짜다' 라고 주장했습니다. 이렇게 유대와 사마리아는 서로 한 발자국도 양보하지 않은 채 대립해 오고 있었던 것입니다. 이 여인은 누구의 말이 옳은지 종교적 의문과 갈등을 가지고 있었습니다.

예수님은 예배의 장소가 중요하지 않음을 언급하십니다. 단지 '구원이 유대인에게서 난다' 는 말은 인류를 구원할 메시아가 유대인의 혈통을 통하여서 난다는 것임을 인정하도록 가르치십니다. 여인은 진정한 예배를 모르기에 예배를 어디에서 드려야 하는지에 관심이 있었습니다. 이제 '예배의 장소가 어디냐' 하는 것은 큰 의미가 없습니다. 또한 예배의 전통에 묶일 필요도 없습니다. '어떤 순서와 절차를 따라 예배하느냐?' 도 중요하지 않습니다. 초대 교회는 예배당도 없고 프로그램도 없고 피아노도 없고 직분자도 없었지만 영감 있는 예배를 드렸습니다. 진정한 예배는 사람이 하나님을 영으로 만나 거룩한 하나님의 속성들을 생각하면서 하나님과 바른 관계를 갖고, 하나님께 합당한 찬양과 경배를 드리는 것입니다.

하나님과 진정한 예배 관계가 이루어지지 않으면, 무엇을 해도 곤고하고 만족이 없어 세상의 것을 향해 이리저리 찾아다닐 수밖에 없습니다. 형식화된 예배보다 예배의 본질을 회복하고 진정한 예배를 드림으로 참 만족과 솟아나는 생수를 맛보는 삶이 되길 바랍니다.

6과

네가 낫고자 하느냐

요한복음 5:1~16(6)

예수께서 그 누운 것을 보시고 병이 벌써 오래된 줄 아시고
이르시되 네가 낫고자 하느냐

　현대는 아무리 의학이 발달해도 불치의 병으로 신음하는
사람들이 많이 있습니다. 그러나 중요한 것은 육신의 질병보
다 영적인 중병에 걸려 있는 자들이 훨씬 더 많다는 사실입
니다. 오늘 본문은 예수님께서 유대인의 명절을 지키기 위해
예루살렘으로 향하던 중, 예루살렘 성의 동북쪽 함메아 망
대 곁에 위치한 양문을 지나치게 되었을 때의 사건입니다. 이
문은 당시 이스라엘 백성들이 성전 제사를 위해 가축을 들
여갔던 문이었기에 양문이라 불렀습니다. 그리고 이 양문 곁
에는 '은혜의 집'이란 뜻의 베데스다라는 연못이 있었습니
다. 예수님은 사람들이 잘 가지 않는 베데스다라는 연못으로
일부러 발길을 옮기셨습니다. 이 연못은 성전에서 그다지 멀
지 않은 곳이었으며, 연못에서 가까운 곳에는 시장이 있었는
데 사람들이 성전에서 제사를 드릴 양이나 소를 사기 위해
늘 붐볐던 곳이었습니다. 당시 베데스다 연못을 두고 이상
한 소문이 돌고 있었습니다. 치유 능력이 있는 연못이라 하
여 연못 주변의 행각에는 각양 병자들이 북적대고 있었습니
다. 예수님은 바로 이곳에서 38년 된 병자를 치료해 주심으
로 새 삶을 얻도록 하셨습니다.

　예수님 안에서는 깊은 절망과 무기력에 빠져있는 사람도 희
망이 있습니다. 믿음의 비밀을 배우는 시간이 되길 바랍니다.

1. 베데스다 못가에 있는 병자들의 형편과 상황이 어떻습니까
   (1~4)? 예수님의 주목을 더 끈 한 사람은 누구입니까(5)?

---

2. 병이 오래된 병자에게 예수님께서는 무엇이라고 말씀하십니
   까(6)? 병자의 대답이 어떠합니까(7)? 오래된 병자는 육체적
   질병보다 영적인 문제가 심각함을 어떻게 알 수 있습니까?

ESV

[1] After this there was a feast of the Jews, and Jesus went up to Jerusalem. [2] Now there is in Jerusalem by the Sheep Gate a pool, in Aramaic called Bethesda, which has five roofed colonnades. [3] In these lay a multitude of invalids—blind, lame, and paralyzed. [4] for an angel of the Lord went down at certain seasons into the pool, and stirred the water: whoever stepped in first after the stirring of the water was healed of whatever disease he had [5] One man was there who had been an invalid for thirty-eight years. [6] When Jesus saw him lying there and knew that he had already been there a long time, he said to him, "Do you want to be healed?" [7] The sick man answered him, "Sir, I have no one to put me into the pool when the water is stirred up, and while I am going another steps down before me."

3. 병자의 불평 섞인 대답에도 불구하고 예수님은 어떻게 고쳐주십니까(8, 9)? 예수님의 명령은 죄의 자리에서 죽음만을 향해 행진해 가는 우리 인생들에게 주신 것이기도 합니다.

____

____

____

____

____

____

4. 38년 된 병자가 고침을 받자 유대인들은 어떠한 반응을 보입니까(10)? 당시 안식일을 범하는 자는 사형에 처했습니다(출 31:14). 그래서 나음을 입은 병자는 자신의 책임을 회피하기 위해 어떻게 책임을 전가했습니까(11~13)?

____

____

____

____

____

____

8 Jesus said to him, "Get up, take up your bed, and walk." 9 And at once the man was healed, and he took up his bed and walked. Now that day was the Sabbath. 10 So the Jews said to the man who had been healed, "It is the Sabbath, and it is not lawful for you to take up your bed." 11 But he answered them, "The man who healed me, that man said to me, 'Take up your bed, and walk.'" 12 They asked him, "Who is the man who said to you, 'Take up your bed and walk'?" 13 Now the man who had been healed did not know who it was, for Jesus had withdrawn, as there was a crowd in the place.

5. 고침을 받은 병자와 예수님은 어디에서 다시 만나게 되었습니까? 이때 예수님은 어떤 말씀을 주십니까(14)? 유대인들이 예수님을 핍박하는 이유가 무엇입니까(15, 16)?

ESV

14 Afterward Jesus found him in the temple and said to him, "See, you are well! Sin no more, that nothing worse may happen to you." 15 The man went away and told the Jews that it was Jesus who had healed him. 16 And this was why the Jews were persecuting Jesus, because he was doing these things on the Sabbath.

1. 베데스다는 인생 비극의 전시장과 같은 장소입니다. 이 시대의 영적 중병은 무엇이라고 생각
   합니까? 예수님은 타성에 젖어 소망조차 없는 자들에게 낫고자 하는 소원을 심어주십니다.
   우리가 무기력한 삶에서 벗어나는 길이 무엇인지 나누어 보십시오.

2. 예수님은 체념적인 삶을 사는 사람들에게 생명력이 넘치는 삶을 살아가도록 도전을
   주십니다. 당신에게 38년 된 병상의 자리와 같은 영역이 있다면 무엇입니까? 자기의
   병은 아무도 고칠 사람이 없다고 낙담하기보다 조용히 다가와 손 내미시는 예수님의
   음성에 순종하는 자가 되어야겠습니다. 당신은 주님이 함께하시면 불가능한 일이 없
   다는 사실을 신뢰하십니까?

함께 기도합시다

일어나 걸어라

사람이 절망하면 지푸라기라도 잡고자 한다는 말이 있듯이 베데스다 연못에는 병을 낫게 한다는 소문을 듣고 많은 병자들이 가족들의 부축을 받아 몰려들었습니다. 가끔씩 천사가 내려와 물을 휘젓기라도 하면 제일 먼저 들어가는 자는 어떠한 병도 치료 받을 수 있다는 전설이 전해져 오고 있었기에 한 가닥의 희망을 안고 여기저기에 병자들이 비집고 자리를 깔고 누워 하염없이 기다리는 곳이었습니다.

예수님은 병을 얻은 지 38년이나 된 병자에 관심을 가지셨습니다. 아니 일부러 찾으신 것이 틀림없습니다. 이 남자는 낫고자 하는 소원도 상실한 채 하루하루를 살고 있었던 것이 분명합니다. 예수님은 허리를 굽혀 "네가 낫고자 하느냐" 물어보십니다. 아무도 도와주지 않는다는 희망을 버린 지 오래 된 병자에게 소망의 불씨를 심어 주시기 위함입니다. 병자는 오랜 기간 물이 동할 때마다 뛰어들려고 시도했지만 번번이 실패한 패배감으로 자기의 병에 대한 이야기보다 주위 사람들의 불친절함을 불평합니다. 오랜 병이 영혼까지 병들게 한 것입니다. 예수님은 인생에서 실패하고 절망 속에서 불평하는 병자에게 "일어나 네 자리를 들고 걸어가라" 명하십니다. 그러자 그는 모든 의심과 불신을 던져버리고 오직 주님의 능력을 의지하여 일어나 영광스러운 새 출발을 합니다.

예수님 앞에서는 과거의 형편이나 현재의 상태가 아무리 치명적이고 회복 불능의 상태라도 문제가 되지 않습니다. 오직 믿음만이 문제가 될 뿐입니다. 자신의 무력함을 인정하고 주님의 능력을 의지하는 곳에 소망이 있습니다. 예수님은 일어나 걷게 하는 능력의 주님이십니다. 아멘.

하나님의 아들 예수님의 권세

요한복음 5:19~29(26~27)

아버지께서 자기 속에 생명이 있음 같이 아들에게도 생명을 주어 그 속에 있게 하셨고 또 인자됨으로 말미암아 심판하는 권한을 주셨느니라

예수님은 안식일에 예루살렘의 베데스다 못 가에서 38년 된 병자에게 "네 자리를 들고 걸어가라(9)"고 명하심으로 사람들을 놀라게 했습니다. 유대 종교 지도자들은 예수님의 신적인 능력에 대해 놀라면서도 안식일을 범하였다고 비난했습니다. 이에 대해서 예수님은 "아버지께서 이제까지 일하시니 나도 일한다(17)"고 답변하심으로 안식일에 병자 고치는 일에 대한 정당성을 변호했습니다. 사실 38년 병자의 안식은 하루라도 더 빨리 병에서 해방되어 걸어 다니는 것이 아니었겠습니까? 유대인들은 율법의 문자만 고집했지 율법의 정신은 외면하고 있는 것입니다.

본문에서 종교 지도자들은 예수님의 신적인 기적을 인정하기는커녕 안식일을 범한 죄인으로 몰면서 예수님을 죽이고자 합니다(18). 특히 하나님을 "아버지"라고 부르는 호칭을 문제 삼아 자신을 하나님으로 높이는 신성 모독 죄를 범했다고 정죄하고 있습니다. 이 문제에 대해 예수님은 종교 지도자들과 논쟁하면서 자신이 왜 하나님의 아들이며, 어떤 권위가 있는지 말씀하십니다. 오늘 공부를 통해서 하나님의 아들이신 예수님에게 어떤 권세가 있는지 배워봅시다.

1. 예수님을 죽이려는 자들 앞에서(18) 예수님의 증언은 무엇이며, 예수님은 하나님과 자신이 어떤 관계임을 분명하게 말하고 있습니까(19)? 여기에서 우리는 예수님의 행함과 그의 말씀이 어디로부터 왔음을 알 수 있습니까?

2. 예수님은 자신의 증언에서 38년 된 병자를 고친 사건을 어떻게 설명하며, 이 사건을 통해서 예수님이 어떤 분임을 증거하십니까(20~22)?

ESV

[19] So Jesus said to them, "Truly, truly, I say to you, the Son can do nothing of his own accord, but only what he sees the Father doing. For whatever the Father does, that the Son does likewise. [20] For the Father loves the Son and shows him all that he himself is doing. And greater works than these will he show him, so that you may marvel. [21] For as the Father raises the dead and gives them life, so also the Son gives life to whom he will. [22] For the Father judges no one, but has given all judgment to the Son,

3. 하나님이 예수님에게 구원과 심판의 권세를 주신 이유는
   무엇입니까(23)? 예수님의 말씀에 의하면 종교 지도자들
   의 자랑인 "하나님 사랑"이 거짓임을 어떻게 알 수 있습
   니까(23; 5:10)?

   10절 하나님의 기적이 나타났음에도 불구하고 종교 지도자들은 하나님과
   예수님에게 관심을 가지기보다는 율법으로 비판함

4. 예수님 안에 있는 자들에게 어떤 하나님의 기적이 일어납니
   까(24)? 예수님의 생명의 능력은 어디로부터 왔습니까(26)?

5. 죽음 후에 모든 사람에게 일어나는 일은 무엇이며(26~29),
   본문에서 영원한 운명을 결정하는 때는 언제입니까?

ESV

27 And he has given him authority to execute judgment, because he is the Son of Man. 28 Do not marvel at this, for an hour is coming when all who are in the tombs will hear his voice 29 and come out, those who have done good to the resurrection of life, and those who have done evil to the resurrection of judgment.

1. 예수님이 왜 하나님의 아들입니까? 당신의 삶에서 예수님을 믿는 것이 최고의 선택이라고 말할 수 있는 이유가 무엇입니까? 영원한 생명은 무엇이며(요 17:3), 이것을 풍성히 받기 위해서는 무엇이 필요합니까(요 6:68; 요 15:5)? 당신이 이 일을 위해서 구체적으로 해야 할 일이 무엇입니까?

2. 사람들은 종교의 자유를 주장합니다. 그런데 예수님을 믿는 일에 자유를 주장할 수 없는 이유는 무엇입니까? 우리의 구원과 심판의 날이 언제 결정됩니까? 우리가 예수님의 말씀과 은혜를 체험한 후에도 실제 삶에서 주의 뜻을 거부하는 이유는 무엇입니까? 우리가 예수님을 믿기 위해서 지금 당장 필요한 것은 무엇입니까?

함께 기도합시다

하나님의 아들 예수님의 권세

예수님은 종교 지도자들과의 논쟁에서 '하나님은 나의 아버지시며, 나는 그의 아들' 임을 분명하게 주장합니다. 더 나아가 예수님 자신이 말하는 것과 행하는 모든 것은 전적으로 하나님으로부터 나온다고 증언합니다. 따라서 예수님을 믿고 그의 말씀을 듣는 것은 곧 하나님을 공경하는 것이며, 구원과 영생을 얻는 길입니다. 이 구원은 예수님과 접붙임이 되는 사건으로서 우리의 삶에 연속적인 영향을 줍니다. 예수님은 우리에게 하나님을 사랑하고 예수님을 본받아 살고자 하는 마음을 주십니다. 주 안에서 누리는 내 영혼의 평화와 기쁨 속에서 우리는 사람을 사랑하고 섬기는 일을 통해 삶의 의미와 행복을 느끼게 됩니다. 나밖에 모르던 내가 예수님 안에서 다른 사람을 사랑하고 섬기는 사람이 되었다는 것은 놀라운 일입니다. 세상이 바뀌는 큰일은 나에게 일시적인 관심거리가 될 뿐입니다. 하지만 나 자신이 새롭게 변화된다는 것은, 수십 년의 삶에도 변하지 않던 나에게 갑작스럽게 일어난 하나님의 기적입니다. 우리는 38년 된 병자가 단번에 일어나 걸어간 것처럼, 예수님 안에서 하나님의 능력을 체험합니다. 천국 또한 죽음 후에 오는 것이 아니라 우리가 예수님 안에 있음으로 시작되고 확정되며, 마침내 죽음을 통해서 완성되는 것입니다.

또 하나 중요한 것은 우리의 영원한 운명이 현재의 삶의 선택에 의해 결정된다는 것입니다. 지금 예수님을 믿기로 작정하지 않으면 언제 예수님을 믿을지 알 수 없습니다. 이 땅의 삶이 마치면 하나님의 심판을 피할 수 없습니다. 그렇기 때문에 현재가 영원을 결정하는 중요한 시간임을 알고, 예수님을 믿는 일에 주저해서는 안 됩니다. 또한 이 땅의 삶의 의미와 소망이 예수님을 사랑하고 그의 말씀을 좇아 살아가는 데 있음을 명심해야겠습니다.

8과

목자의 마음

요한복음 6:1~15(5)

예수께서 눈을 들어 큰 무리가 자기에게로 오는 것을 보시고
빌립에게 이르시되 우리가 어디서 떡을 사서 이 사람들을 먹
이겠느냐 하시니

오늘 본문은 사복음서에 공통적으로 나오는 말씀입니다.
이것은 모든 제자에게 잊을 수 없는 중요한 사건임을 말합니
다. 우리가 예수님에 관한 많은 지식을 가지고 있고 헌신을
한다고 하여서 좋은 제자가 되는 것은 아닙니다. 이런 지식
과 훈련이 쌓여서 예수님의 인격과 마음을 닮아갈 때 비로
소 참 제자가 되는 것입니다. 본문에서 예수님은 제자가 가져
야 할 가장 우선적인 마음이 무엇인가를 말씀하십니다. 또한
제자가 주어진 사명을 어떻게 이루어갈 수 있는지를 가르쳐
주시고 있습니다.

1. 예수님이 계신 곳은 어디이며, 본문의 사건이 일어난 때는 언제입니까(1~4)? 무리들이 예수님을 따르는 목적은 무엇이며, 내가 예수님을 따르는 이유는 무엇입니까(3)?

2. 예수님은 유월절이라는 이스라엘 최대의 명절이 다가왔음에도 불구하고 먹을 것이 없어서 자신에게 나아온 무리를 긍휼히 여기셨습니다. 이 상황에서 예수님은 빌립에게 어떤 말씀을 주셨으며, 그 의도는 무엇입니까(5~6)? 빌립의 답변이 어떤 면에서 적절합니까(7)? 하지만 예수님이 그 답변을 수용할 수 없었던 이유는 무엇입니까?

데나리온(7) 로마의 은전으로서 노동자 하루의 품삯임.

무리의 수는 5000명(10) 당시 사람을 셀 때 남성 장정의 수만 계산함. 따라서 이날 모인 사람은 만 명을 훨씬 넘었을 것임.

ESV

[1] After this Jesus went away to the other side of the Sea of Galilee, which is the Sea of Tiberias. [2] And a large crowd was following him, because they saw the signs that he was doing on the sick. [3] Jesus went up on the mountain, and there he sat down with his disciples. [4] Now the Passover, the feast of the Jews, was at hand.
[5] Lifting up his eyes, then, and seeing that a large crowd was coming toward him, Jesus said to Philip, "Where are we to buy bread, so that these people may eat?" [6] He said this to test him, for he himself knew what he would do. [7] Philip answered him, "Two hundred denarii worth of bread would not be enough for each of them to get a little."

3. 옆에서 빌립의 답변을 들은 안드레는 어떤 반응을 보입니까
   (8~9)? 어떤 면에서 안드레의 반응이 예수님으로 하여금 기적
   을 일으키는 거룩한 도구가 될 수 있었습니까?

4. 이날 모인 사람이 몇 명이며, 예수님은 이들을 어떻게 배
   불리 먹이셨습니까(10~11)? 이날 잔치가 얼마나 풍성했
   습니까(13)? 특별히 이들이 먹은 양식은 어디로부터 온
   것이었습니까?

ESV

[8] One of his disciples, Andrew, Simon Peter's brother, said to him, [9] "There is a boy here who has five barley loaves and two fish, but what are they for so many?" [10] Jesus said, "Have the people sit down." Now there was much grass in the place. So the men sat down, about five thousand in number.
[11] Jesus then took the loaves, and when he had given thanks, he distributed them to those who were seated. So also the fish, as much as they wanted.
[12] And when they had eaten their fill, he told his disciples, "Gather up the leftover fragments, that nothing may be lost." [13] So they gathered them up and filled twelve baskets with fragments from the five barley loaves left by those who had eaten.

5. 이 기적을 체험한 사람들의 반응이 어떠하며(14), 이에
   대한 예수님의 반응은 어떻습니까(15)? 여기에서 예수님
   은 어떤 분임을 알 수 있습니까?

ESV

14 When the people saw the sign that he had done, they said, "This is indeed the Prophet who is to come into the world!"
15 Perceiving then that they were about to come and take him by force to make him king, Jesus withdrew again to the mountain by himself.

1. 예수님과 제자들은 유월절이라는 명절 때에 예루살렘에 가서 축제를 즐기기는커녕 굶주림 가운데 있는 오천 명 이상의 엄청난 무리를 보았습니다. 예수님의 마음은 무엇입니까? 예수님의 요청 앞에서 빌립과 안드레의 차이는 무엇입니까? 안드레를 볼 때, 주의 역사를 섬기는 제자에게 꼭 필요한 마음 자세는 무엇입니까?

2. 안드레는 예수님의 말씀에 귀를 기울이고 최선을 다해 순종하는 모습을 보여줍니다. 안드레를 통해서 볼 때, 당신은 예수님의 말씀에 대해 어떤 자세를 가져야겠습니까? 요즘 나에게 말씀하시는 예수님의 말씀은 무엇입니까?

목자의 마음

왜 예수님은 빌립에게 "우리가 어디서 떡을 사서 이 사람들을 먹이겠느냐?"라고 질문했을까요? 또 빌립은 어떻게 단번에 "이백 데나리온의 떡이 부족합니다"라고 답변할 수 있었을까요? 아무래도 빌립을 비롯한 몇몇 제자들이 무리를 보며 '이들을 한꺼번에 먹이려면 얼마가 들까?'라고 계산했던 것 같습니다. 예수님은 빌립이 굶주린 무리를 불쌍히 여기며 먹이고자 하는 목자의 심정을 가지기보다는 인간적인 계산을 하면서 부담스러워하는 모습을 보신 것입니다. 예수님은 예수님의 제자에게 정말 중요한 것이 무엇인지 일깨워 주기 위해서 이들을 시험하셨습니다.

제자 중 안드레의 태도는 예수님의 마음에 들었습니다. 오병이어는 작은 아이의 도시락입니다. 이것으로 이 무리의 굶주림을 해결할 수 없다는 점에서 빌립과 안드레의 판단은 일치했습니다. 제자들은 열악한 상황을 보고도 도시락을 예수님께 가져와서 "우리가 가진 것이 이것밖에 없는데 어찌하면 좋겠습니까?"라고 묻고 있습니다. 주께서 우리에게 주신 사명은 인간적으로 많은 준비를 하고 능력을 가진다고 하여도 이룰 수가 없습니다. 우리는 다만 주를 바라보고 최선을 다해 충성하며 섬길 뿐입니다. 이 일의 결과는 예수님께서 친히 이루십니다. 주의 사명 앞에서 나의 이성적인 판단과 한계를 거부하고 사랑으로 섬기고자 할 때, 그곳에 기적적인 주의 역사가 일어납니다. 제자의 가장 근본적인 요건은 하나님을 떠나 영적으로 굶주려 방황하는 사람들을 불쌍히 여기며, 어찌하든지 예수님 안에서 진리로 먹이고자 하는 자비로운 마음입니다. 제자는 주 안에서 사랑과 진리로 섬기는 사람입니다.

9과

생명의 떡 예수님

요한복음 6:22~40(35)

예수께서 이르시되 나는 생명의 떡이니 내게 오는 자는 결코 주리지 아니할 터이요 나를 믿는 자는 영원히 목마르지 아니하리라

후회가 없는 지혜로운 인생을 사는 방법은 내 삶에서 무엇이 중요한 것인지를 파악하고 그것의 순위를 정하는 것입니다. 그리고 항상 이것을 염두에 두고 매일 조금씩이라도 실천하는 삶을 사는 것입니다. 그러면 다른 것은 못해도 내가 꼭 해야 할 중요한 일은 이루기 때문입니다. 반대로 우선적인 일을 외면하고 당장의 급한 일을 하다 보면 어느 날에 나에게 꼭 필요한 것이 빠져 있음을 발견하게 됩니다. 그때는 후회해도 소용이 없습니다.

우리의 삶이 너무 바쁩니다. 이런 바쁜 삶은 중요한 것을 잊게 만들 수 있습니다. 오늘 공부를 통해서 예수님이 우리에게 보여주시는 가장 중요한 것이 무엇인지를 배워 봅시다. 본문은 지난 주 공부한 오병이어의 기적의 의미를 설명하는 말씀입니다. 지난주 말씀을 기억하면서 공부해 봅시다.

1. 어제 배부른 저녁 만찬을 먹은 무리들은 아침이 되자 다시 배가 고팠습니다. 이들은 어제의 만찬이 있었던 장소에 가 보았지만 예수님은 없었습니다. 결국 이들은 갈릴리 바다를 건너가서 예수님을 만납니다. 이들을 만난 예수님의 반응은 어떻습니까? 예수님은 이들의 방문을 왜 기뻐하지 않으십니까(25~26)? 예수님은 이들에게 어떤 권면을 하십니까(27)? 우리가 예수님을 찾는 목적이 무엇이어야만 합니까(27)?

표적(26) 의미를 나타내는 기적.

2. 무리들은 "영생하도록 있는 양식(27)"을 하나님의 구원으로 이해했습니다. 무리들의 질문은 무엇이며, 무리들의 구원관이 무엇임을 알 수 있습니까(28)? 이에 대한 예수님의 답변, 즉 구원에 이르는 하나님의 일은 무엇입니까(29)?

ESV

22 On the next day the crowd that remained on the other side of the sea saw that there had been only one boat there, and that Jesus had not entered the boat with his disciples, but that his disciples had gone away alone. 23 Other boats from Tiberias came near the place where they had eaten the bread after the Lord had given thanks. 24 So when the crowd saw that Jesus was not there, nor his disciples, they themselves got into the boats and went to Capernaum, seeking Jesus. 25 When they found him on the other side of the sea, they said to him, "Rabbi, when did you come here?" 26 Jesus answered them, "Truly, truly, I say to you, you are seeking me, not because you saw signs, but because you ate your fill of the loaves. 27 Do not work for the food that perishes, but for the food that endures to eternal life, which the Son of Man will give to you. For on him God the Father has set his seal." 28 Then they said to him, "What must we do, to be doing the works of God?"

3. 무리들은 구원자로서의 예수님을 믿지 못합니다. 이들이 예수님께 구원자임을 증명하는 요구 조건은 무엇입니까(30~31)? 이에 대한 예수님의 답변은 무엇이며, 예수님의 떡이 모세의 떡보다 우월한 이유는 무엇입니까(32~33)?

4. 예수님은 누구시며, 예수님께 오는 자가 얻는 것은 무엇입니까(34~35)? 무리가 예수님을 믿지 않는 이유는 무엇이며, 이런 상황 속에서 예수님께 나오는 사람들은 누구입니까(36~37)?

5. 예수님이 이 땅에 오신 목적은 무엇입니까? 특별히 예수
   님을 통해 하나님께서 이루시고자 하는 뜻은 무엇입니까
   (38~40)?

[38] And he sent him to his home, saying, "Do not even enter the village." [39] And Jesus went on with his disciples to the villages of Caesarea Philippi. And on the way he asked his disciples, "Who do people say that I am?" [40] And they told him, "John the Baptist; and others say, Elijah; and others, one of the prophets."

1. 무리들이 떼를 지어서 예수님께 구한 "썩을 양식"은 우리의 삶에 어떻게 나타나고 있습니까? 예수님께서 무리와 우리에게 구하기를 강력하게 요구한 생명의 떡은 무엇이며, 이것을 어떻게 먹을 수 있습니까? 우리는 썩을 양식과 생명의 양식 중 어느 것을 더 사모하며, 이것을 얻기 위해 얼마나 열심을 내고 있습니까?

2. 이 생명의 떡은 예수님에 의해서 어떻게 완성되었습니까(마 26:26~28; 롬 6:5)? 이 생명의 떡은 어디로부터 오며, 누가 이 떡을 받을 수 있습니까(33~37)? 생명의 떡이신 예수님을 먹은 당신에게 이 열매가 어떻게 풍성하게 나타나는지 서로 나눠 봅시다(갈 2:20).

함께 기도합시다

생명의 떡 예수님

전 세계적으로 경제 불황이 계속되면서 빈부의 차가 심각합니다. 사람들은 삶의 안전을 확보하기 위해 전투적인 삶을 살고 있습니다. 청년들 또한 앞날에 대한 염려와 두려움으로 인해 마음의 여유가 없습니다. 그러다보니 예수님이 세상의 유익이 되지 않는다는 계산으로 신앙을 삶의 순위에서 뒤로 밀어 버리거나 아니면 포기하는 경우도 많이 발생하고 있습니다. 이러한 삶을 예수님께서는 "썩을 양식을 구하는 삶"이라며 책망하십니다. 먹고 사는 것은 중요하지만 이것이 우리의 전부가 될 때, 우리로 하여금 예수님을 거부하게 만들어 마침내 멸망의 길로 가게 됩니다.

이처럼 눈에 보이는 삶에 치우쳐 있는 현대인에게 예수님께서는 "썩을 양식이 아닌 영생하도록 있는 양식을 구하라"고 말씀하십니다. 예수님께서는 삶의 궁핍함을 아십니다. 그러나 이런 상황 속에서도 삶의 우선권은 예수님께 있어야만 합니다. 왜냐하면 삶의 참된 만족과 가치는 먹고 마시는 데 있는 것이 아니라 진리를 따르는 데 있기 때문입니다(마 4:4). 예수님을 따를 때 우리는 하나님으로부터 오는 평화와 기쁨을 누릴 뿐만 아니라 가난한 삶 속에서도 이 땅에 하나님의 뜻을 실현하는 삶을 살기 때문입니다. 이것이 현실에 임하는 영원한 삶이며, 이것을 추구한 사람만이 예수님처럼 부활하여 영원한 하나님 나라에 들어갈 수 있습니다. 인생을 마치는 날에 가장 값진 것은 예수님을 만난 것이며, 예수님을 따라 사는 삶만이 내 인생의 참된 가치로 남습니다.

10과

간음한 여인을 용서하신 예수님

예수께서 또 말씀하여 이르시되 나는 세상의 빛이니 나를 따르는 자는 어둠에 다니지 아니하고 생명의 빛을 얻으리라

신앙생활을 시작할 때, 당혹스러운 것은 이전에 경험하지 못했던 죄책감입니다. 내 삶의 일부였던 게으름과 술과 담배를 피우는 일, 그리고 나의 필요에 따른 시간과 돈의 사용이 예전처럼 자유롭지 않습니다. 무엇인가 잘못되었다는 느낌이 듭니다. 예수님을 믿으면 내 삶이 기쁘고 자유로울 줄 알았는데, 예상치 않았던 일들이 일어납니다. 왜 이런 걸까요?

구원의 빛이 들어가니 죄의 어둠 속에 묻혀있었던 왜곡된 내 삶이 드러나기 때문입니다. 더럽고 악한 것 위에 하나님의 은혜를 덮을 수는 없습니다. 예수님은 빛이십니다(12). 이 빛이 지금까지 몰랐던 죄를 알게 하며, 우리의 죄를 소멸시킵니다. 죄의 소멸이 있을 때, 우리는 하나님이 주시는 구원과 자유를 누리게 될 것입니다. 그리고 이러한 죄의 소멸이야말로 우리를 새로운 사람이 되게 합니다. 오늘 공부를 통해 내 안에서 발견되는 더러운 악을 어떻게 청소할 수 있는 지 공부해 봅시다.

1. 예수님께서 이른 아침에 성전에서 말씀을 가르치시던 중에 어떤 문제가 발생합니까(1~5)? 이 여인의 고통은 어떤 것일까요? 이 재판이 예수님에게 곤혹스러운 이유가 무엇입니까(레 20:10; 눅 15:1~2)?

2. 예수님은 이들의 요구에 즉시 답변하지 않으시고 땅에 앉아 손가락으로 무언가를 쓰셨습니다. 이것은 종교 지도자들의 '드디어 예수님을 잡았다' 라는 과열된 감정을 식히기 위해 관심을 돌리는 행위입니다. 이후 예수님의 답변은 무엇입니까(7)? 이에 대한 사람들의 반응은 무엇입니까(9)? 예수님의 행동과 말씀으로 인해 사람들에게 어떤 일이 일어난 것입니까?

ESV

[1] but Jesus went to the Mount of Olives. [2] Early in the morning he came again to the temple. All the people came to him, and he sat down and taught them. [3] The scribes and the Pharisees brought a woman who had been caught in adultery, and placing her in the midst [4] they said to him, "Teacher, this woman has been caught in the act of adultery. [5] Now in the Law, Moses commanded us to stone such women. So what do you say?" [6] This they said to test him, that they might have some charge to bring against him. Jesus bent down and wrote with his finger on the ground. [7] And as they continued to ask him, he stood up and said to them, "Let him who is without sin among you be the first to throw a stone at her." [8] And once more he bent down and wrote on the ground. [9] But when they heard it, they went away one by one, beginning with the older ones, and Jesus was left alone with the woman standing before him.

3. 예수님께서 간음한 여인에게 하신 말씀은 무엇입니까
   (10~11)? 이것이 그녀에게 어떤 위로와 소망이 되었을까
   요(롬 8:1~2)?

4. 여인의 죄를 정죄하지 않으신 예수님은 어떤 분입니까
   (12)? 이에 대한 바리새인들의 비난은 무엇입니까(13, 17;
   신 17:6)?

ESV

10 Jesus stood up and said to her, "Woman, where are they? Has no one condemned you?" 11 She said, "No one, Lord." And Jesus said, "Neither do I condemn you; go, and from now on sin no more." 12 Again Jesus spoke to them, saying, "I am the light of the world. Whoever follows me will not walk in darkness, but will have the light of life." 13 So the Pharisees said to him, "You are bearing witness about yourself; your testimony is not true." 14 Jesus answered, "Even if I do bear witness about myself, my testimony is true, for I know where I came from and where I am going, but you do not know where I come from or where I am going. 15 You judge according to the flesh; I judge no one. 16 Yet even if I do judge, my judgment is true, for it is not I alone who judge, but I and the Father who sent me. 17 In your Law it is written that the testimony of two people is true.

5. 예수님께서는 자신의 증언이 참되다는 것을 어떻게 증명하십니까(18)? 사람들은 하나님을 믿지만 예수님은 믿을 수 없다고 말합니다. 이에 대해 예수님께서는 사람들을 향해 우리를 구원하시는 하나님을 어떻게 만날 수 있다고 말씀하십니까(19)?

18절 사람의 증언이 아니라 성삼위일체 하나님의 증언임. 하나님을 증언하는 것은 곧 성령 하나님이심.

ESV

[18] I am the one who bears witness about myself, and the Father who sent me bears witness about me." [19] They said to him therefore, "Where is your Father?" Jesus answered, "You know neither me nor my Father. If you knew me, you would know my Father also." [20] These words he spoke in the treasury, as he taught in the temple; but no one arrested him, because his hour had not yet come.

1. 본문에서 만나는 예수님은 어떤 분입니까? 나의 실체가 사람들 앞에 적나라하게 공개된다면 어떨 것 같습니까? 나는 예수님 앞에서 어떤 문제로 부끄러워 떨고 있습니까? 오늘 조용한 곳에서 이 문제를 내어놓고 고백함으로 예수님의 죄 사함의 은혜를 체험할 수 있기 바랍니다(요일 1:9). 우리의 거룩함과 새로움은 어디로부터 나오는 것입니까?

2. 예수님의 사죄의 은혜와 구원에 대한 확신은 어디로부터 오는 것입니까(15~16)? 여기에서 우리는 오직 믿음으로 구원에 이른다는 사실을 어떻게 발견할 수 있습니까?

함께 기도합시다

간음한 여인을 용서하신 예수님

예수님께서 용서하시지 못하는 죄는 이 세상에 없습니다. 간음죄를 지은 여인뿐만 아니라 살인죄까지도 용서하여 주십니다. 내 죄가 심각하고 오래되었다고 해서 예수님께서 용서하시지 못할 거라고 생각하는 것은 잘못입니다. 죄 사함의 체험이 없는 구원이란 없는 것입니다. 죄책감은 나의 악한 실체를 보게 하는 감정입니다. 나를 괴롭게 하는 이 죄를 고백할 때, 예수님은 하나님의 사랑과 은혜로 우리를 죄로부터 자유롭게 하십니다. 이것이 구원의 기쁨이며 새로운 삶의 행복입니다.

그리스도인의 삶이란 회개하고 용서받은 후 또다시 죄를 짓는 삶은 아닙니다. 우리가 이런 패턴을 벗어날 수는 없지만 당연하게 받아들여서도 안 됩니다. 예수님이 여인에게 "다시는 죄를 짓지 말라"고 말씀하신 것처럼 죄를 짓지 않기 위한 거룩한 싸움을 해야 합니다. 우리가 습관적인 죄 때문에 다시 넘어질지라도 그 죄의 지배를 단호하게 거부해야 합니다. 이것을 위해 회개는 간절히 해야 하는 것입니다. 죄와 싸우는 결단과 회개의 역사가 반복될 때, 우리는 죄의 습관으로부터 벗어나며 예수님을 조금씩 닮아 성장하는 모습을 가지게 될 것입니다.

11과

나면서 맹인인 자를 고치신 예수님

요한복음 9:1~12(7)

이르시되 실로암 못에 가서 씻으라 하시니 (실로암은 번역하면 보냄을 받았다는 뜻이라) 이에 가서 씻고 밝은 눈으로 왔더라

필자는 어릴 때 길을 가다가 재미로 걷어찬 돌이 튀면서 가게의 큰 유리를 깨뜨린 적이 있습니다. 저도 놀랐고 주인도 놀랐습니다. 무심코 내뱉은 나의 말이 상대방에게 큰 상처와 절망이 될 때가 있습니다. 또 지나가는 말에도 쉽게 깨어지는 것이 사람의 마음입니다. 무기력한 청년들을 보면 그가 단순히 무능해서가 아니라 과거의 깊은 상처가 옭아매고 있는 경우가 많습니다. 이들은 날마다 자기의 과거를 보면서 자신을 비극의 주인공처럼 여기며 슬퍼하기도 하고 또 이것을 즐기기도 합니다.

이것에서 벗어나지 못하면 그의 인생에는 소망이 없습니다. 과거의 상처가 있다고 해서 그것이 꼭 그를 불행하게 만드는 것은 아닙니다. 그것을 긍정적으로 받아들임으로 놀라운 인생을 사는 사람도 많습니다. 우리는 과거의 상처를 어떻게 해석하고 받아들이느냐에 따라서 인생이 위대할 수 있고, 아니면 자신이 생각하는 비참에 머물 수도 있습니다.

본문은 예수님께서 우리의 과거의 아픔과 상처를 어떻게 해석하시고 치료해주시는지 보여주고 있습니다. 하나님은 우리에게 가장 좋은 것을 주신 줄 믿습니다. 그것이 설령 고통의 아픔일지라도…….

1. 예수님과 제자들이 길을 가다가 어떤 사람을 발견했습니까(1, 8)?

2. 제자들의 질문은 무엇입니까(2)? 제자들의 질문에는 공통적으로 어떤 전제가 깔려 있습니까? 이러한 전제가 그 사람과 제자들에게 어떤 영향을 줍니까? 당신은 사람의 불행의 원인은 무엇이라고 생각합니까?

3. 제자들이 서로 답을 내리지 못하자 그 문제를 예수님께
   로 가져갑니다. 예수님의 답변은 무엇입니까(3~5)? 예수
   님의 답변은 불행한 자에게 어떤 면에서 희망이 됩니까?

4. 예수님은 어떤 분이십니까(4~5)? 예수님이 나면서 맹인
   인 자를 고쳐주기 위해서 어떻게 하셨으며, 또 어떤 말
   씀을 주셨습니까(6~7)? 예수님의 이러한 말과 행위가
   맹인에게 어떤 어려움이 되었을까요? 그러나 예수님의
   말씀에 순종했을 때 결과는 무엇입니까?

5. 눈을 뜬 맹인이 예수님의 말씀대로 "하나님이 하시는 일을 나타냄(3)"을 어떻게 보여주었습니까(10~11)? 우리의 삶에서 하나님의 영광은 어떻게 증거 될 수 있습니까?

ESV

[9] Some said, "It is he." Others said, "No, but he is like him." He kept saying, "I am the man." [10] So they said to him, "Then how were your eyes opened?" [11] He answered, "The man called Jesus made mud and anointed my eyes and said to me, 'Go to Siloam and wash.' So I went and washed and received my sight." [12] They said to him, "Where is he?" He said, "I do not know."

1. 사람의 삶의 결과를 "인과응보"의 법칙에 따라 판단할 때, 이것이 가져다주는 결과는 무엇입니까? 당신은 남들과 자신에 대해서 제자들처럼 판단할 때가 있었습니까? 남이 나의 불행을 '너의 죄 때문이다' 라고 말할 때, 내 심정은 어떠했을 것 같습니까? 예수님의 말씀에 따라 우리는 불행을 어떻게 보아야 하며, 불행을 극복할 방법은 무엇입니까?

2. 예수님에 의해서 나의 불행이 극복된 점이 있다면 서로 나눠봅시다. 예수님의 말씀에 순종할 때 나에게 생기는 어려움은 무엇이며 이 어려움을 감당할 이유는 무엇입니까?

함께 기도합시다

삶의 자리

나면서 맹인인 자를 고치신 예수님

유대인이나 우리민족은 예로부터 인과응보적인 사고와 판단이 삶에 깔려 있습니다. 그래서 누군가에 어려움이나 재난이 있을 때면 마음속으로 '무슨 죄가 있지 않는가?' 하는 의혹의 눈초리를 보냅니다. 우리 스스로에게도 동일하게 적용할 때가 많습니다. 그러다보니 어려움이 오면 자책하는 고통까지 더해지는 것입니다. 많은 경우에 자신의 잘못이 원인이 되어 고통을 당하거나 하나님의 징계를 받곤 합니다. 그러나 모든 경우가 이런 것은 아닙니다. 이것이 일반적인 판단기준이 될 때, 심각한 결과를 가져오게 됩니다. 유대인들은 그 사람이 사회적으로 뛰어난 지위와 부 그리고 건강을 가지는 것은 하나님의 복이라고 생각했고, 불행은 그 사람의 죄에 대한 하나님의 징계로 여겼습니다. 이것은 당시에 90% 이상의 백성들을 죄인으로 만들어 죄책감에 시달리게 했습니다. 이런 점에서 유대교는 자비의 하나님을 경외하는 것이 아니라 있는 자들의 종교로 전락한 것입니다. 예수님은 이것에 분노했고, 나면서 맹인 된 자를 통해서 불행에 대한 하나님의 올바른 뜻을 증거했습니다.

예수님은 "고통은 하나님의 일을 위한 것이다"라고 말씀하심으로써 어떤 장애와 어려움도 인간을 불행케 할 수 없다는 것을 가르쳐 주십니다. 그 고통 앞에서 하나님을 경외하고 말씀대로 살아갈 때에 그곳에서 하나님의 영광이 증거된다는 것입니다. 세상을 빛낸 많은 하나님의 사람들 중에 건강하고 능력 있는 사람들도 있습니다. 그러나 그렇지 않은 사람들도 있습니다. 이들은 장애를 가지고 있거나 삶의 바닥에 떨어져 저주 받은 사람처럼 보일 때가 있었습니다. 그러나 이들은 자기의 문제 앞에 숨기보다는 하나님을 경외하고 말씀을 따라 살았습니다. 세상과 사람을 의지할 수가 없어서 주를 의지하고 믿음으로 살았습니다. 그 결과로 이들은 고통의 한계를 뛰어넘었을 뿐만 아니라 성공적인 삶의 열매를 맺었습니다. 스스로의 연약함을 알기에 이들은 성공의 열매를 주저 없이 하나님의 영광으로 돌리는 것입니다.

12과

선한 목자 예수님

나는 선한 목자라 선한 목자는 양들을 위하여 목숨을 버리거니와

본문의 말씀은 예수님께서 안식일에 '나면서 맹인 된 자'를 고치신 사건을 배경으로 하고 있습니다(9장). 맹인이 눈을 뜨는 사건은 하나님만 하실 수 있는 기적입니다(9:32~33). 사람들이 이 사건에 집중하면서 예수님에 대한 관심이 높아졌습니다. 그러나 종교 지도자들은 이 사건을 안식일의 율법을 범한 불경한 사건으로 보았습니다. 그리고 이 사건을 향한 여론의 집중을 막기 위해 눈을 뜬 사람과 그 부모에게 입막음을 시도하고 또 예수님을 안식일을 범한 죄인으로 몰아갑니다. 예수님께서는 하나님의 일을 보고도 왜곡시키려는 종교 지도자들을 자신과 대조하며, 참된 목자로서의 모습을 보여주십니다. 오늘 본문에서 만나는 예수님은 어떤 분입니까?

1. 양의 목자와 절도(강도)는 각각 어떻게 양에게 접근합니까(1~2)?

2. 양과 목자는 어떤 관계입니까(3~5)? 여기에서 참 목자이신 예수님의 음성을 듣지 않는 무리는 누구이며, 이들은 왜 듣지 않는 것입니까?

ESV

[1] "Truly, truly, I say to you, he who does not enter the sheepfold by the door but climbs in by another way, that man is a thief and a robber. [2] But he who enters by the door is the shepherd of the sheep. [3] To him the gatekeeper opens. The sheep hear his voice, and he calls his own sheep by name and leads them out. [4] When he has brought out all his own, he goes before them, and the sheep follow him, for they know his voice. [5] A stranger they will not follow, but they will flee from him, for they do not know the voice of strangers." [6] This figure of speech Jesus used with them, but they did not understand what he was saying to them.

3. 7~18절은 목자와 양의 비유에 대한 예수님의 설명입니다. 예수님께서는 당신을 "양의 문"이라고 말씀하십니다. 양의 문이신 예수님을 통해서 밝혀진 것은 무엇입니까(8)? 이들의 정체는 무엇이며, 이들이 행하는 것은 무엇입니까(8, 10)? 양의 문이신 예수님을 통해서 양이 얻는 것은 무엇입니까(7, 9~10)?

4. 선한 목자와 삯꾼 목자가 다른 점은 무엇입니까(11~13)? 예수님은 왜 선한 목자이십니까(11, 14~15)? 여기에서, 예수님께서 양들로 인해 어떤 상황에 놓여 있으심을 알 수 있습니까(9:22, 31~32)?

5. 선한 목자 예수님께서는 이제 어디를 향하고 있으십니까
   (16)? 이것이 의미하는 바가 무엇입니까? 예수님께서 목
   숨을 버리시는 이유는 무엇입니까(17~18)?

ESV

16 And I have other sheep that are not of this fold. I must bring them also, and they will listen to my voice. So there will be one flock, one shepherd. 17 For this reason the Father loves me, because I lay down my life that I may take it up again. 18 No one takes it from me, but I lay it down of my own accord. I have authority to lay it down, and I have authority to take it up again. This charge I have received from my Father."

1. 사람은 본래 어떤 운명을 가지고 있습니까(롬 5:12; 엡 2:3)? 사람이 구원받을 수 있는 길은 무엇입니까(롬 3:23~25)? 본문에서 예수님의 '양의 문과 선한 목자'가 어떻게 나타나고 있습니까? 예수님은 나에게 어떤 분이십니까(시 23)?

2. 예수님의 양은 어떤 특징을 가지고 있습니까? 나는 예수님의 말씀에 어떤 반응을 보입니까? 사람들이 예수님과 그의 말씀에 대해 완강히 거부하는 이유는 무엇입니까? 나는 선한 양입니까, 별로 선하지 않은 양입니까? 예수님께서는 우리가 어떤 양이 되기를 원하실까요?

선한 목자 예수님

그리스도인이 예수님을 나의 참 목자로 여기고 사랑 가운데 따르는 것은 예수님이 삼위일체 하나님 중의 한 분이기 때문만이 아닙니다. 예수님께서 나의 참 목자가 되시는 것은 죄인으로서 죽을 수밖에 없는 나를 구원하시기 위해 당신의 목숨을 바치는 참 사랑을 주셨기 때문입니다. 이 예수님을 어찌 우리가 나의 구주로 모시지 않겠으며 또 나의 생명을 바쳐 사랑하지 않을 수 있겠습니까? 예수님의 깊은 사랑이 우리에게 은혜와 감동이 되어서 우리도 예수님께 사랑의 고백을 하는 것입니다. 예수님께서는 당신의 목숨을 바쳐 우리를 구원하실 뿐만 아니라, 오늘도 말씀과 성령의 은혜 가운데 우리를 진리의 삶으로 인도하십니다.

시편 23 (다윗의 시)

여호와는 나의 목자시니 내게 부족함이 없으리로다
그가 나를 푸른 풀밭에 누이시며 쉴 만한 물 가로 인도하시는 도다
내 영혼을 소생시키시고 자기 이름을 위하여 의의 길로 인도하시는 도다
내가 사망의 음침한 골짜기로 다닐지라도 해를 두려워하지 않을 것은 주께서 나와 함께 하심이라 주의 지팡이와 막대기가 나를 안위하시나이다
주께서 내 원수의 목전에서 내게 상을 차려 주시고 기름을 내 머리에 부으셨으니 내 잔이 넘치나이다
내 평생에 선하심과 인자하심이 반드시 나를 따르리니 내가 여호와의 집에 영원히 살리로다

부활과 생명이신 예수님

예수께서 이르시되 나는 부활이요 생명이니 나를 믿는 자는 죽어도 살겠고

머피의 법칙(Murphy's law)을 아시나요? 이것은 어려운 일들이 연속적으로 일어나는 것을 말합니다. 요즘 내 생활이 그렇지는 않습니까? 머피의 법칙은 특정한 날에만 나타나는 것이 아니라 안타깝게도 우리 삶 자체입니다. 우리의 삶이란 바로 이런 머피의 법칙에 직면하는 것이며, 이것과 싸우는 것이라고 말할 수 있습니다. 그리고 이 고통의 삶의 끝자락에는 죽음이 기다리고 있습니다.

오늘 본문은 부모가 없는 가정에서 사랑하는 동생이 갑자기 죽을병에 걸린 위급한 상황에서 시작합니다. 두 자매는 깜짝 놀라 예수님께 소식을 전하면서 "빨리 와 주세요"라고 부탁합니다. 그런데 이날따라 예수님이 바쁘셨던지 하루 이틀 지체하셨고 결국 동생이 죽고 맙니다. 인생이란 이처럼 살려고 몸부림치다가 죽는 것입니까? 모든 것이 망하고 죽고 싶은 어둠 속에서 예수님은 어떤 분입니까? 예수님을 믿어도 더욱 엉망이 되어가는 상황 속에서 응답이 없는 예수님은 우리에게 어떤 분일까요?

1. 베다니는 예루살렘으로부터 3km 떨어진 곳으로써(18), 예루살렘 입성 전 하루 쉬고 가기에 적당한 곳입니다. 평소에 마리아와 마르다 자매와 예수님은 어떤 관계였습니까(1~3)? 이 가정에 어떤 일이 발생했으며, 이 사건에 대한 마르다·마리아 자매와 예수님의 관점은 어떻게 다릅니까(4~5)?

2. 예수님께서 나사로의 소식을 들은 지 나흘 만에 베다니에 도착하셨으나 그는 이미 죽어 있었습니다(6~7, 17). 마르다와 예수님의 대화 내용은 무엇입니까(21~27)? 여기에서 발견되는 마르다의 신앙은 어떠하며 그 한계는 무엇입니까? 여기에서 예수님은 자신을 어떻게 주장하고 있습니까?

26절 예수님을 믿음으로 얻은 영생은 육체적인 죽음을 맛볼지라도 소멸되지 않는다는 뜻(요 5:24). 이런 점에서 성도는 영적인 차원에서 영생의 존재임.

3. 예수님을 만난 마리아의 마음은 어떠합니까(32)? 예수
   님이 흘린 눈물의 의미는 무엇입니까(33~38)?

4. 나사로의 무덤 앞에서 예수님이 사람들에게 부탁한 말은
   무엇이며, 이에 대한 마르다의 반응은 무엇입니까(39)?

ESV

5. 나사로의 무덤 앞에서 예수님의 기도와 명령의 말씀은
   무엇입니까(40~43)? 여기에서 예수님은 나사로의 죽음
   에 대해서 무엇이라고 말씀하십니까(42)?

6. 예수님의 기도와 명령이 어떻게 성취되었으며, 이것을 목
   격한 주변 사람들의 반응은 무엇입니까(44~46)? "많은
   유대인들이 그를 믿었다(45)"고 하는데 이들이 믿는 예
   수님은 어떤 분입니까?

1. 우리는 본문에서 고통과 죽음의 의미를 볼 수 있습니다. 마르다와 마리아에게 동생 나사로의 죽음이 어떤 고통이 되었을 것 같습니까? 당신의 삶에 있어서 고통은 무엇이며, 예수님 안에서 그 일은 어떤 의미가 있습니까? 예수님 안에서 고통으로 말미암아 소중한 인생의 가치를 발견한 경험이 있다면 서로 나눠봅시다.

2. 오늘 본문에 나타난 예수님은 어떤 분이시며, 여기에서 우리가 확실히 아는 바는 무엇입니까? 예수님에 의한 나의 부활을 생각할 때, 지금 내 삶에서 변화되어야 할 일은 무엇입니까?

함께 기도합시다

부활과 생명이신 예수님

사람은 자기의 뜻대로 되지 않을 때 염려하고 고통을 느낍니다. 이 고통의 끝에는 죽음이 있습니다. 사람이 고통에서 벗어나기 위해 몸부림치는 것은 죽음에 대한 저항입니다. 죽음이야말로 고통의 본질입니다. 사실 사람이 죽어버리면 모든 고통과 문제로부터 자유로운데 왜 죽음을 두려워하는 것일까요? 죽음을 두려워하는 존재는 오직 인간뿐입니다. 놀랍게도 다른 피조물들은 잠을 자듯이 편안하게 죽음을 맞이합니다. 사람이 죽음을 두려워하는 것은 직감적으로 하나님 앞에서 자신의 삶을 심판 받는다는 것을 알기 때문입니다(히 9:27). 죽음에 대한 두려움은 놀랍게도 하나님에 대한 인식으로부터 나옵니다.

나사로가 죽음으로부터 일어난 사건은 예수님이 "부활이요, 생명의 주"임을 증명한 사건입니다. 우리가 예수님을 믿을 때, 우리는 영원한 생명을 얻는 것입니다. 이 영생은 죽어서 천국에 가는 것만을 말하지 않습니다. 예수님을 믿음으로 우리가 하나님과 관계를 가지게 되었다는 것을 의미합니다. 하나님이 나의 아버지이며 나는 그의 사랑받는 자녀가 되는 것입니다. 하나님이 나의 아버지인데 우리가 죽음을 두려워할 이유가 어디 있습니까? 하나님을 나의 아버지로 아는 것이 곧 영생이며 그 믿음으로 살아가는 삶이 곧 영생을 누리는 삶입니다. 그리고 믿음의 삶을 마치고 죽음의 관문을 통과하는 그날에 하나님 나라에서 영생은 완성될 것입니다. 죽음은 육체의 연약함과 세상의 억압적 요구로부터 자유롭게 되는 영광의 통로가 될 것입니다. "죽음으로써 세상의 문제가 해결된다."는 이 논리적 결말을 평안하게 받아들일 수 있는 것은 우리를 죽음으로부터 구원하시는 부활의 예수님을 믿을 때뿐입니다.

14과

헌신

요한복음 12:1~8(3)

마리아는 지극히 비싼 향유 곧 순전한 나드 한 근을 가져다
가 예수의 발에 붓고 자기 머리털로 그의 발을 닦으니 향유
냄새가 집에 가득하더라

인간은 나면서부터 욕심쟁이여서 아무런 대가 없이 누군
가에게 자신의 소중한 것을 준다는 것은 불가능합니다. 자기
의 소중한 것을 내어놓기 위해서는 자신을 감동시킬 수 있는
더욱 큰 이익이 있어야 합니다. 이러한 점에서 그리스도인의
헌신에는 인간의 이기적 본성을 뛰어넘는 하나님의 놀라운
은혜의 비밀이 숨겨져 있습니다. 오늘 공부의 주제는 "헌신"
입니다. 본문 공부를 통해서 나로 하여금 주께 헌신하도록
이끄는 주의 은혜와 감동을 찾아봅시다. 그리하여서 나의
헌신은 나의 희생이 아닌 주를 향한 감격적인 사랑의 고백이
되게 합시다. 나는 내 삶의 작은 것을 드리는 사람(giver)이
지만 하나님은 자신의 모든 것을 주시는 분(Giver)입니다.

1. 본문의 사건은 언제, 어디서 그리고 어떤 상황에서 일어났습니까(1)? 특히 "유월절 엿새 전"이 의미하는 시간을 고려할 때, 당시 예수님의 상황과 마음에 대해서 어떤 것을 알 수 있습니까?

2. 이 상황에서 마르다와 마리아는 각각 어떤 일을 하고 있었습니까(2)? 두 사람의 성격은 어떤 것 같습니까 (11:19~20)?

ESV

[1] Six days before the Passover, Jesus therefore came to Bethany, where Lazarus was, whom Jesus had raised from the dead. [2] So they gave a dinner for him there. Martha served, and Lazarus was one of those reclining with him at table.

3. 예수님의 발 아래에서 말씀을 듣던 마리아가 행한 일은 무엇입니까(3)? 그녀는 이 행위에 얼마의 비용을 들였습니까(5)? 그 시대에 여인에게 있어서 향유는 어떤 의미가 있는지 알아봅시다.

순전한 나드(3) 팔레스타인 지방에서는 재배되지 않아 원산지인 인도의 히말라야 산맥에서 수입하였기 때문에 가격이 매우 비쌌다.

4. 마리아의 행위에 대해 가룟 유다가 지적한 것은 무엇입니까? 그러나 그의 의도는 무엇입니까(5~6)?

[3] Mary therefore took a pound of expensive ointment made from pure nard, and anointed the feet of Jesus and wiped his feet with her hair. The house was filled with the fragrance of the perfume. [4] But Judas Iscariot, one of his disciples (he who was about to betray him), said, [5] "Why was this ointment not sold for three hundred denarii and given to the poor?" [6] He said this, not because he cared about the poor, but because he was a thief, and having charge of the moneybag he used to help himself to what was put into it.

5. 가롯 유다의 설득력 있는 비난에 대한 예수님의 말씀은
   무엇입니까(7~8)? 마리아에 대한 예수님의 칭찬은 무엇입
   니까(막 14:9)?

1. 마르다는 항상 열정적으로 예수님을 맞이했습니다. 마리아는 약간 수동적인 듯했지만 죽음을 앞둔 예수님께 가장 소중한 향유를 부었습니다. 마리아가 예수님께 자신의 모든 것을 다 드리는 헌신을 할 수 있었던 이유는 무엇입니까? 당신은 나를 구원하기 위해서 십자가에 죽으신 예수님을 위해 무엇으로 사랑과 감사의 표현을 하겠습니까(7)? 잠시 있다가 사라지는 일시적인 인생에서 영원히 남는 것이 있다면 무엇입니까(막 14:9)?

2. 가롯 유다의 말은 대단히 설득력이 있습니다. 그래서 예수님도 유다를 책망하지 않았습니다. 대신에 이런 특별한 헌신은 자신의 죽음을 앞둔 일회적인 사건으로 분명하게 규정하셨습니다. 그럼에도 불구하고 가롯 유다의 지적에 나타난 심각한 문제점은 무엇입니까? 우리도 주께 드려야 할 헌신을 세상적인 가치 기준에 따라서 계산하고 결정하지는 않습니까? 나의 욕심과 세상적인 가치 때문에 유다처럼 주께 헌신하지 못한 경우는 없었는지 서로 나눠봅시다.

함께 기도합시다

헌 신

마르다는 예수님을 접대하는 일에 관심을 가지고 항상 분주했지만 마리아는 예수님의 말씀에 깊은 관심을 가졌습니다. 또한 마리아는 자신의 동생 나사로가 살아난 사건을 통해 예수님께서 생명의 주인인 메시아이심을 알았습니다. 그리고 그녀는 예수님의 말씀을 들으면서 예수님의 죽음이 임박했다는 사실을 알게 됩니다. 그녀는 예수님의 죽음 앞에서 오늘이 마지막 헌신의 기회임을 깨닫고 인생의 행복 전부가 담긴 향유를 부었습니다.

모든 존재에게 생명은 유일한 것이며 가장 소중한 것입니다. 하물며 하나님의 아들의 생명은 얼마나 소중한 것이겠습니까? 이 생명이 보잘것없는, 죄인 된 나를 구원하기 위해서 십자가에 바쳐진 것입니다. 십자가를 생각할 때, 나의 귀한 것을 바쳐 주를 기쁘게 할 수 있다면 조금도 아까울 것이 없습니다. 나의 구원을 위해 생명을 바친 예수님 앞에서 나도 생명을 바쳐 사랑하는 것이야말로 참된 행복과 기쁨입니다. 예수님을 위한 마리아의 헌신은 하나님 앞에서 영원한 칭찬이 되었습니다. 주를 위한 헌신의 삶은 일시적인 나의 삶을 영원한 것으로 바꾸는 복이 되는 것입니다.

현대에 있어서 주의해야 할 것은 유다적 사고방식입니다. 그것은 주를 위한 헌신을 세상적인 돈의 가치로 계산하는 것입니다. '가난한 자를 돌보자'는 유다의 말이 틀린 것은 아닙니다. 하지만 이러한 유다의 정죄는 가난한 자가 아닌 돈에 대한 욕망에 기초하고 있기에 잘못된 것입니다. 많은 그리스도인들이 주께 드려야 할 헌신이 있음에도 불구하고 자신의 손해와 이익 때문에 거절하는 경우가 너무나 많습니다. 이것은 아무리 그럴듯할지라도 인간의 변명일 뿐입니다. 이런 변명으로 주의 일을 외면하다가 결국은 유다처럼 예수님을 버릴 수 있다는 사실을 유념해야 합니다. 유다는 구원 받지 못한 사람입니다. 구원 받은 사람은 이런 유혹에 대해서 거절하는 힘이 있지만 구원 받지 못한 사람은 이런 유혹을 당연하게 생각합니다. 유혹 앞에서 나의 구원을 점검해 보시기를 바랍니다.

15과

한 알의 썩는 밀알

요한복음 12:20~33(24)

내가 진실로 진실로 너희에게 이르노니 한 알의 밀이 땅에 떨어져 죽지 아니하면 한 알 그대로 있고 죽으면 많은 열매를 맺느니라

시작하는 이야기

사람을 기쁘게 하는 것들 중에는 맛있는 과일, 좋은 글, 예술작품, 그리고 사랑스러운 자녀 등등 많은 것들이 있습니다. 이런 것들은 농부와 작가의 수고, 부모의 희생으로부터 나옵니다. 희생하는 사람은 아픔이 있지만 그 아픔으로 인해 세상은 더욱 풍성해지고 가치 있게 만들어집니다. 가치 있는 희생은 나를 아프게 하지만 세상을 풍성케 함으로 나의 인생을 더욱 복되게 합니다. 이러한 점에서 청년의 날에 찾아야 할 것은 인생의 유익과 성공만을 위한 것이 아니라 인생을 바칠 진리와 사명입니다. 여기에 인생의 참된 가치가 있습니다. 이것이 예수님이 "너희는 세상의 빛이라(마 5:14)"라고 하신 말씀의 의미입니다. 본문에 나타난 예수님의 삶을 통해 이 땅에서 예수님의 사람으로 사는 목적은 무엇이며, 이러한 예수님의 삶이 우리에게 주는 교훈이 무엇인지 배워봅시다.

1. 유월절 직전에 예수님께서 누구를 만나십니까(20~22)?
   이들은 누구입니까(20)? 예수님께서는 이들과의 만남
   에 어떤 의미를 부여하십니까(23)?

2. 인자의 영광, 즉 예수님의 영광은 어떻게 얻어지는 것입
   니까(24)? 한 알의 썩은 열매의 사건이 예수님의 삶에 어
   떻게 일어났습니까?

[20] Now among those who went up to worship at the feast were some Greeks. [21] So these came to Philip, who was from Bethsaida in Galilee, and asked him, "Sir, we wish to see Jesus." [22] Philip went and told Andrew; Andrew and Philip went and told Jesus. [23] And Jesus answered them, "The hour has come for the Son of Man to be glorified. [24] Truly, truly, I say to you, unless a grain of wheat falls into the earth and dies, it remains alone; but if it dies, it bears much fruit.

3. 예수님을 믿는다는 것은 구체적으로 무엇을 말하며 하나님의 자녀의 영광은 무엇입니까(25~26)?

4. 유월절에 십자가의 죽음을 앞둔 예수님은 기도를 드리십니다. 기도의 내용은 무엇이고 이 기도에 예수님의 연약한 인성이 어떻게 나타나는지, 또 예수님의 궁극적인 소원은 무엇인지 말해보십시오(27~28).

ESV

25 Whoever loves his life loses it, and whoever hates his life in this world will keep it for eternal life. 26 If anyone serves me, he must follow me; and where I am, there will my servant be also. If anyone serves me, the Father will honor him. 27 "Now is my soul troubled. And what shall I say? 'Father, save me from this hour'? But for this purpose I have come to this hour. 28 Father, glorify your name." Then a voice came from heaven: "I have glorified it, and I will glorify it again."

5. 예수님의 기도가 끝나자 어떤 일이 일어났습니까
   (28~30)? 하늘의 음성은 무엇이며, 이것은 누구를 위한
   것입니까? 특별히 하나님께서 말씀하시는 예수님의 영광
   은 무엇인 것 같습니까?

6. 예수님의 죽음의 결과가 무엇입니까(31~33)?

세상 임금(31) 세속적인 물질과 성공에 모든 가치를 부여하고 이것을 추구
하도록 자극하는 악의 세력

1. 본문에 나타난 예수님의 영광이 세상의 영광과 어떻게 다릅니까? 예수님의 십자가의 죽음이 어떤 점에서 하나님과 예수님께 영광이 됩니까? 하나님의 자녀가 예수님 안에서 하나님께 영광 돌리는 삶이란 무엇일까요?

2. 예수님의 죽음이 이 땅에서 어떤 열매를 맺습니까? 예수님을 따르는 제자에게 꼭 필요한 조건은 무엇입니까? 예수님의 죽음은 이 세상에 구원의 빛이며, 동시에 세상의 권세자들에 대한 심판입니다. 예수님의 십자가의 죽음으로 인한 이러한 혁명적인 사건의 시작을 그리스도인들은 어떻게 성취해야 합니까(눅 1:46~55)?

함께 기도합시다

한 알의 썩는 밀알

사람들은 남들에게 자랑할 수 있는 물질과 권세에 인생의 영광이 있다고 말합니다. 그러나 예수님은 십자가의 죽음을 영광이라고 말씀하십니다. 이 십자가의 죽음은 하나님의 구속의 완성으로써 많은 사람을 하나님께로 이끄는 구원의 길이 되기 때문입니다. 세상은 자기의 욕망을 채우는 데서 영광을 찾지만 예수님은 자신을 내어 주어 하나님의 뜻을 성취하는 데 영광을 찾습니다. 하나님의 자녀의 영광은 하나님의 힘으로 세상에서 성공하는 것에 있지 않습니다. 하나님의 말씀과 뜻에 자신을 굴복시킴으로 하나님 나라를 이루는 데 있습니다.

예수님은 자신의 죽음이 세상의 권세자에 대한 심판이 될 것을 말씀하셨습니다. 세상의 권세자는 바로 인간의 물질과 권력에 대한 욕망을 의미합니다. 이런 것들은 세상에서 영광이 되는 것처럼 보이지만, 십자가를 통한 하나님의 구원 앞에서는 저주일 뿐입니다. 아무리 임금이라도 이런 욕망을 버리고 예수님 앞에 죄인임을 고백하는 사람만이 구원받을 수 있습니다. 하나님의 자녀로서 세상을 이기는 삶은 세상의 성공을 부러워하지 않고 주의 뜻을 좇아 섬기는 삶을 선택하는 것이며, 불의한 부자가 되기보다는 차라리 가난한 삶을 살아가면서 주의 말씀을 좇아 살아가는 것입니다. 주의 열매는 예수님처럼 하나님의 뜻 가운데 죽기까지 자기를 부인하며 성령과 말씀의 길을 걸어가는 삶을 통해서 맺어집니다(갈 5:22~23). 이것이 바로 하나님 자녀의 영광입니다.

16과

제자의 발을 씻기신 예수님

요한복음 13:1~15, 34~35(14)

내가 주와 또는 선생이 되어 너희 발을 씻었으니 너희도 서로 발을 씻어 주는 것이 옳으니라

　본문의 때는 예수님께서 십자가에 죽기 전날입니다. 당신의 생명이 단 하루만 남았다면 무엇을 하겠습니까? 그 일은 죽음 앞에서도 행복할 수 있는 소중한 일일 것입니다. 예수님은 3년 동안 함께 하였던 제자들과 식사를 하면서, 마지막 시간을 마음에 담고 있었습니다. 미켈란젤로는 이 장면을 그림으로 그려 '최후의 만찬'이라는 제목을 붙였습니다. 여기에서 예수님이 제자들에게 준 유언적 교훈은 무엇일까요? 마지막 말이라는 것은 지금까지 가르친 것을 총 정리한 내용일 것입니다. 또 잊어서는 안 될 가장 중요한 말이기도 합니다. 제자들과 마지막 시간을 보내시는 예수님이 무엇을 알려주시는지 기대하는 마음으로 공부에 임합시다.

1. 십자가의 죽음 앞에서 예수님이 자신과 제자들에게 가진 마음은 어떠합니까(1~2, 11)? 특히 가룟 유다에 대한 예수님의 마음은 어떠했을 것 같습니까?

2. 예수님이 제자들에게 마지막으로 보여주신 사랑은 어떠합니까(3~5)?

ESV

[1] Now before the Feast of the Passover, when Jesus knew that his hour had come to depart out of this world to the Father, having loved his own who were in the world, he loved them to the end. [2] During supper, when the devil had already put it into the heart of Judas Iscariot, Simon's son, to betray him, [3] Jesus, knowing that the Father had given all things into his hands, and that he had come from God and was going back to God, [4] rose from supper. He laid aside his outer garments, and taking a towel, tied it around his waist. [5] Then he poured water into a basin and began to wash the disciples' feet and to wipe them with the towel that was wrapped around him.

3. 세족식에 대한 베드로의 반응은 무엇이며, 이 일에 대
   한 예수님의 설명은 무엇입니까(5~10)?

[6] He came to Simon Peter, who said to him, "Lord, do you wash my feet?" [7] Jesus answered him, "What I am doing you do not understand now, but afterward you will understand." [8] Peter said to him, "You shall never wash my feet." Jesus answered him, "If I do not wash you, you have no share with me." [9] Simon Peter said to him, "Lord, not my feet only but also my hands and my head!" [10] Jesus said to him, "The one who has bathed does not need to wash, except for his feet, but is completely clean. And you are clean, but not every one of you."

4. 이 세족식을 통해서 예수님이 주시고자 하는 교훈은 무
   엇입니까(11~15, 34~35)?

ESV

1. 죽음을 앞둔 예수님에게 가장 큰 걱정은 지난 3년의 공생애 동안 자신을 중심으로 유지되었던 제자 공동체가 과연 어떻게 될 것인지에 관한 문제였습니다. 예수님이 이 세족식을 통해서 제자들에게 주고자 하는 교훈은 무엇입니까(11~15, 34~35)? 어떤 시련 앞에서도 우리 공동체가 견고할 수 있음은 어디로부터 오는 것입니까?

2. 온전한 제자로 살며 성숙하기 위해서 반드시 필요한 것은 무엇입니까? 이 사실을 통해서 보았을 때, 3년 동안 가룟 유다가 제자가 되지 못한 이유는 무엇입니까? 오늘 공부를 마치고 서로의 허물을 고백하고 감싸주는 세족식을 거행해 봅시다.

함께 기도합시다

허물을 감싸주는 사랑

제자의 삶은 예수님을 향한 맹렬한 믿음으로 완성되는 것이 아니라 날마다 회개함으로 성숙에 이르는 것입니다. 예수님을 위해 헌신하기로 다짐한 제자라고 해서 저절로 죄 없는 거룩한 삶을 사는 것은 아닙니다. 구원받은 자녀조차 세상에 속한 사람으로서 거짓과 정욕 그리고 욕망으로부터 벗어날 수 없습니다. 그래서 제자는 예수님을 거부하게 만드는 죄의 세력과 영적 투쟁을 해야 합니다. 이 영적 투쟁은 회개로부터 시작합니다. 죄를 고백할 때, 우리는 나의 발을 씻기신 예수님으로부터 죄 사함을 받고 나는 그 은혜의 감격 속에서 거룩한 삶으로 나아가게 됩니다. 베드로가 자신의 발 씻김을 거부할 때, '너는 나와 아무 상관이 없다'고 책망하신 것처럼 회개의 삶이 없는 사람은 예수님의 제자가 아닐 뿐만 아니라 예수님과 아무 상관이 없는 사람입니다. 회개는 구원받은 사람이 하는 것이며, 제자는 이것을 날마다 하는 사람입니다.

또한 제자의 삶의 특징은 복음을 전하는 열정에 있는 것이 아니라, 사실은 곁에 있는 동역자를 사랑하고 섬기는 데 있습니다. 주의 일은 내 곁에 있는 동역자의 허물을 주의 사랑으로 용서하고 감싸는 것으로부터 시작됩니다. 주의 일은 한두 사람에 의해 이루어지는 것이 아니라 바로 동역에 의한 "팀 사역"입니다. 주의 역사를 이루기 위한 계획에 앞서 먼저 동역자의 허물을 감싸주는 사랑을 실천하기를 바랍니다. 하나님의 역사는 사랑이 있는 곳으로부터 시작됩니다.

17과

길과 진리 그리고 생명이신 예수님

요한복음 14:1~21(6)

예수께서 이르시되 내가 곧 길이요 진리요 생명이니 나로 말미암지 않고는 아버지께로 올 자가 없느니라

누군가가 말하기를 "인생은 속도가 아니라 방향이다"라고 했습니다. 이번 주 동안 내가 주로 다닌 곳은 어디였습니까? 그 중에서 후회를 일으키는 길은 없었습니까? 또 보람을 주는 길은 무엇이었습니까? 열심히 산다고 하여서 좋은 인생은 아닙니다. 조금은 느릴지라도 올바른 목표를 세우고 그 방향을 따라 가는 것이 성공하는 인생입니다. 당신의 삶의 방향은 어디입니까? 그 길이 정말 후회하지 않을 길이라고 확신합니까? 내 인생 길에 대해 하나님께서 알려 주시면 얼마나 좋을까요? 내 삶을 다 드려 그 길을 갈 텐데……. 오늘 본문에서 예수님은 우리에게 영생에 이르는 진리의 길에 대해 말씀하십니다. 이 말씀을 통해 나의 인생에 대한 주의 음성을 듣는다면, 이 시간은 내 삶을 다 내어 주어도 아깝지 않은 복된 시간이 될 것입니다. 이런 점에서 오늘 공부는 예수님이 인도하는 새로운 진리의 세계를 향한 발걸음이 될 것입니다.

1. 예수님께서는 제자들에게 자신의 죽음을 분명하게 말씀하셨습니다(13:36~38). 예수님께서는 자신의 죽음 앞에 근심하는 제자들에게 어떤 부탁의 말씀을 하십니까(1~4)? 여기에서 예수님이 제자들을 떠나는 목적이 무엇임을 알 수 있습니까?

2. 우리가 예수님의 가는 길을 어떻게 알 수 있습니까(5~6)? 예수님은 누구이시며, 예수님을 통해서 우리가 보고 아는 것은 무엇입니까(7~9)?

ESV

1 "Let not your hearts be troubled. Believe in God; believe also in me. 2 In my Father's house are many rooms. If it were not so, would I have told you that I go to prepare a place for you? 3 And if I go and prepare a place for you, I will come again and will take you to myself, that where I am you may be also. 4 And you know the way to where I am going." 5 Thomas said to him, "Lord, we do not know where you are going. How can we know the way?" 6 Jesus said to him, "I am the way, and the truth, and the life. No one comes to the Father except through me. 7 If you had known me, you would have known my Father also. From now on you do know him and have seen him." 8 Philip said to him, "Lord, show us the Father, and it is enough for us." 9 Jesus said to him, "Have I been with you so long, and you still do not know me, Philip? Whoever has seen me has seen the Father. How can you say, 'Show us the Father'?

3. 우리가 예수님에 대해 믿어야 할 것은 무엇입니까(10~12)?

4. 예수님이 떠난 이 세상에서 예수님에 대한 믿음의 삶은
   어떻게 나타나야 합니까(13~15)? 예수님의 계명(말씀)을
   지킬 때, 우리가 체험하는 바가 무엇입니까(21)?

ESV

[10] Do you not believe that I am in the Father and the Father is in me? The words that I say to you I do not speak on my own authority, but the Father who dwells in me does his works. [11] Believe me that I am in the Father and the Father is in me, or else believe on account of the works themselves. [12] "Truly, truly, I say to you, whoever believes in me will also do the works that I do; and greater works than these will he do, because I am going to the Father. [13] Whatever you ask in my name, this I will do, that the Father may be glorified in the Son. [14] If you ask me anything in my name, I will do it. [15] "If you love me, you will keep my commandments.

5. 예수님이 떠난 세상이지만 그리스도인이 고아처럼 버림
   받았다는 절망으로부터 벗어날 수 있는 이유는 무엇입
   니까(16~19)?

6. 예수님이 보이지 않는 세상에서 그리스도인들이 가져야
   할 믿음은 무엇이며, 이 믿음은 실제의 삶에서 어떻게
   구체화될 수 있습니까(19~21)?

ESV

16 And I will ask the Father, and he will give you another Helper, to be with you forever, 17 even the Spirit of truth, whom the world cannot receive, because it neither sees him nor knows him. You know him, for he dwells with you and will be in you. 18 "I will not leave you as orphans; I will come to you. 19 Yet a little while and the world will see me no more, but you will see me. Because I live, you also will live. 20 In that day you will know that I am in my Father, and you in me, and I in you. 21 Whoever has my commandments and keeps them, he it is who loves me. And he who loves me will be loved by my Father, and I will love him and manifest myself to him."

1. 예수님의 "나는 길이요 진리요, 생명이다"라는 자기선언의 의미는 무엇인지 서로 나눠 봅시다. 예수님이 보이지 않는 이 세상에서 믿음으로 산다는 것은 구체적으로 무엇입니까? 예수님에 대한 믿음이 우리에게 주는 유익은 무엇입니까?

2. 누가 성령을 받습니까? 이 성령을 우리가 굳게 붙잡아야 할 이유는 무엇입니까? 우리가 예수님을 믿으면서도 모든 일에 근심하는 이유는 무엇이며, 이것으로부터 벗어날 수 있는 비결은 무엇입니까?

함께 기도합시다

길과 진리 그리고 생명이신 예수님

예수님은 인간이 하나님을 만날 수 있는 참된 길입니다(10). 세상의 모든 종교들이 나름대로 신을 제시하지만 그 신들은 인간의 종교적 상상 속에서 만들어진 신일 뿐입니다. 예수님은 하나님을 직접 만나신 분으로서 그 분을 우리에게 온전히 나타내신 분입니다.

예수님은 하나님의 아들로서 진리입니다. 성경의 진리는 세상의 일반적인 도리나 지식이 아니라 하나님이시며 또한 그의 말씀입니다. 예수님은 육체를 입고 이 땅에 오신 하나님으로서 예수님을 보는 것은 곧 하나님을 보는 것이며, 그의 말씀을 듣고 배우는 것은 하나님의 진리를 영접하는 것입니다. 성삼위일체 하나님은 영원하시기에 참된 진리입니다.

예수님은 생명입니다. 예수님을 믿음으로 얻는 구원은 영원한 생명입니다. 예수님은 자신의 생명을 십자가에 내어 주셔서 인류의 죄의 삯인 죽음을 지불하시고 우리에게 하나님의 용서가 임하게 하셨습니다. 그리고 예수님의 부활은 예수님이 죄의 삯인 죽음을 정복했으며, 영원한 생명을 얻는다는 것을 역사적 사건을 통해서 증명한 사건입니다.

우리가 예수님을 만나고 예수님을 나의 구주로 믿으며 사는 것이야말로 내 인생의 최고의 복입니다. 살아갈수록 우리는 예수님이 나의 인생의 길과 진리이며 생명임을 알아가고 체험합니다. 예수님을 알며 믿게 된 나의 신앙을 나의 인생의 최고의 가치로 알고 소중히 여기는 삶을 살기를 바랍니다.

18과

참 포도나무 예수님

요한복음 15:1~15(5)

나는 포도나무요 너희는 가지라 그가 내 안에, 내가 그 안에 거하면 사람이 열매를 많이 맺나니 나를 떠나서는 너희가 아무 것도 할 수 없음이라

어떻습니까? 지금까지 그런대로 잘 산 것 같습니까? 이대로 살면 후회가 없는 성공적인 인생이 될 것 같습니까? 아니면 열심히 살기는 했지만 뭔가 삶의 변화가 있어야 할 것 같지 않습니까? 본문의 말씀에서 예수님은 어떤 사람이 하나님이 기뻐하는 인생의 열매를 맺을 수 있는지 말합니다. 반대로 어떤 사람이 열심히 살았지만 하나님이 찾으시는 열매가 없는지 말합니다. 오늘 공부를 통해서 주를 믿는 내 삶이 어떻게 풍성한 열매를 맺는지 공부해 봅시다. 특별히 내가 예수님 안에 거할 때, 나는 어떤 신비로운 비밀을 가지게 되며, 그것이 예수님과 나와 관계를 어떻게 전진시켜 주는지 배워봅시다.

1. 본문에서 예수님은 하나님과 자신, 그리고 하나님의 자녀를 무엇으로 비유하십니까(1, 5)?

2. 가지가 열매를 맺을 수 있는 길은 무엇입니까? 어떤 가지가 열매를 맺지 못하며 그 결과는 어떠합니까(4~6)?

ESV

[1] "I am the true vine, and my Father is the vinedresser. [2] Every branch in me that does not bear fruit he takes away, and every branch that does bear fruit he prunes, that it may bear more fruit. [3] Already you are clean because of the word that I have spoken to you. [4] Abide in me, and I in you. As the branch cannot bear fruit by itself, unless it abides in the vine, neither can you, unless you abide in me. [5] I am the vine; you are the branches. Whoever abides in me and I in him, he it is that bears much fruit, for apart from me you can do nothing. [6] If anyone does not abide in me he is thrown away like a branch and withers; and the branches are gathered, thrown into the fire, and burned.

3. 좋은 열매를 많이 맺을 수 있는 비결은 무엇입니까(2~5, 7~8)?

ESV

7 If you abide in me, and my words abide in you, ask whatever you wish, and it will be done for you. 8 By this my Father is glorified, that you bear much fruit and so prove to be my disciples. 9 As the Father has loved me, so have I loved you. Abide in my love. 10 If you keep my commandments, you will abide in my love, just as I have kept my Father's commandments and abide in his love. 11 These things I have spoken to you, that my joy may be in you, and that your joy may be full.

4. 하나님께 영광 돌리는 열매는 어떻게 맺는 것입니까(8~11)?

5. 예수님께서 돌아가시기 전 제자들에게 주시는 권면은
   무엇입니까(12~13)?

6. 예수님과 우리의 관계는 무엇입니까(14~15)? 어떤 면
   에서 그렇습니까(15)?

1. 예수님 안에서 맺는 열매는 무엇일까요(갈 5:22~23)? 이 열매는 어떻게 맺어질 수 있습니까? 내 신앙은 어떤 열매를 향해 가고 있습니까? 예수님이 없는 인생은 어떤 것일까요?

2. 예수님께서는 우리를 "친구"라고 부르십니다. 어떤 면에서 우리가 예수님의 친구이며, 이 우정을 더욱 깊게 할 수 있는 길은 무엇입니까? 깊은 동역의 관계를 위해서 우리가 힘써야 할 것은 무엇입니까? 오늘 말씀을 통해 예수님과 동역자로서의 관계가 새로워질 수 있기를 기도합니다.

함께 기도합시다

예수님께 붙어있자

예수님께서는 1~2절에서 "나는 참 포도나무요, 내 아버지는 농부, 그리고 너희는 내게 붙은 가지라"라고 말씀하십니다. 이에 대해서 사도 바울도 "돌감나무인 네가 접붙임이 되어 참 감람나무 뿌리의 진액을 함께 받게 되었다(롬 11:17)"고 말하고 있습니다. 하나님의 자녀가 되었다는 것은 곧 예수님의 나무에 접붙임을 받았다는 것입니다.

농부가 나뭇가지에 살을 찢어내는 고통을 주면서 접붙임을 하는 이유가 무엇입니까? 살을 뜯어내고 서로의 진액이 흐르는 생살이 나올 때, 비로소 성공적인 한몸을 이룰 수 있기 때문입니다. 이러한 접붙임을 하는 것이 농부에게도 힘든 일이고, 나무와 가지에도 너무 고통스러운 일이지만 그래도 꼭 해야 하는 이유는 이 접붙임을 통해서만 얻을 수 있는 좋은 열매가 있기 때문입니다.

그렇다면 예수님의 진액으로부터 맺는 열매는 무엇일까요? 그것은 바로 사랑입니다. 예수님께서 십자가에 돌아가신 이유는 죄인 된 우리를 향한 하나님의 사랑 때문이었습니다. 구원 받은 자의 삶에 가장 큰 변화는 나에게 상처를 준 친구와 이웃, 그리고 형제를 너그러이 용서하고 받아 주는 것입니다. 또 나만을 위한 삶이 아니라 하나님 보시기에 좋은 세상을 만들기 위해서 섬기는 삶을 선택하는 것입니다. 참된 하나님 자녀의 삶의 가치와 행복은 이 땅에 하나님의 사랑과 정의가 실현되는 것에 있습니다. 이것이 바로 하나님께서 예수님 안에 있는 나에게 찾으시는 선한 열매인 줄 믿습니다.

19과
요한복음

예수님의 기도

요한복음 17:1~26(1)

예수께서 이 말씀을 하시고 눈을 들어 하늘을 우러러 이르시되 아버지여 때가 이르렀사오니 아들을 영화롭게 하사 아들로 아버지를 영화롭게 하게 하옵소서

사랑하는 제자들과 마지막 만찬을 마치신 후, 예수님께서는 하나님 아버지께 긴 기도를 드립니다. 십자가에 못 박히시기 전, 지상에서의 생애 끝자락에 드린 이 기도는 그 깊이를 헤아리기 어려울 정도로 의미심장하고 심오합니다.

예수님의 기도와 우리들의 기도에는 차이가 있습니다. 예수님의 기도는 삼위 안의 제2위이신 분이 아버지께 드리는 기도로써 그의 백성들을 위해 하늘에 중보 하는, 우리의 대제사장으로서의 직분을 이행하는 기도입니다. 이 기도를 예수님께서 어디에서 드리신 건지 확실히 알 수는 없지만 성경에서 유일하게 제자들을 위하여 드린 긴 기도입니다. 칼빈은 본문의 기도를 이렇게 해석합니다. "교리는 위에서부터 효력이 부여되지 않으면 힘이 없는 것이다. 말씀을 전파하는 데에만 전념할 것이 아니다. (본문의 예수님은) 하나님의 축복으로 그들의 수고가 결실이 맺어지도록 하기 위하여, 하나님의 도움을 간청하면서 그 일을 해야 한다고 가르쳐주신다. 이것은 교사들에게 모범을 보여주신 것이다"

우리는 예수님의 중보기도를 살펴보는 가운데 예수님의 간절한 염원을 우리 삶에 실천할 수 있도록 기도해야 합니다. 또한 지금도 하나님 우편에서 우리를 위해 기도하고 계실 예수님을, 주님을 바라보길 소망합니다.

1. 예수님께서는 먼저 당신 자신을 위해 기도하십니다(1~5). 예수님께서는 어떠한 자세로 누구에게 기도하십니까(1)? 첫 번째 기도제목이 무엇입니까(5)? 하나님께서 예수님께 무슨 권세를, 왜 주셨습니까(2)? 영생은 무엇이며 예수님께서는 어떻게 이 세상에서 하나님을 영화롭게 하셨습니까(3, 4)?

2. 예수님께서는 다음으로 제자들을 위해서 기도하십니다(6~19). 제자들을 위한 구체적인 기도제목이 무엇입니까(11, 13, 15, 17)? 12절의 멸망의 자식은 누구를 가리킵니까(시 109:8; 행 1:20)?

ESV

[1] When Jesus had spoken these words, he lifted up his eyes to heaven, and said, "Father, the hour has come; glorify your Son that the Son may glorify you, [2] since you have given him authority over all flesh, to give eternal life to all whom you have given him. [3] And this is eternal life, that they know you, the only true God, and Jesus Christ whom you have sent. [4] I glorified you on earth, having accomplished the work that you gave me to do. [5] And now, Father, glorify me in your own presence with the glory that I had with you before the world existed. [6] "I have manifested your name to the people whom you gave me out of the world. Yours they were, and you gave them to me, and they have kept your word. [7] Now they know that everything that you have given me is from you. [8] For I have given them the words that you gave me, and they have received them and have come to know in truth that I came from you; and they have believed that you sent me. [9] I am praying for them. I am not praying for the world but for those whom you have given me, for they are yours.

[10] All mine are yours, and yours are mine, and I am glorified in them. [11] And I am no longer in the world, but they are in the world, and I am coming to you. Holy Father, keep them in your name, which you have given me, that they may be one, even as we are one.

3. 예수님께서 제자들을 위해 하신 일이 무엇입니까(6, 8, 9, 12, 14, 18, 19)? 제자들에 대하여 자랑스럽게 여기시는 것이 무엇입니까(6, 7)?

4. 예수님께서는 모든 신자들을 위하여 기도하십니다(20~26). 이 기도의 핵심 내용이 무엇입니까(21, 22)?

12 While I was with them, I kept them in your name, which you have given me. I have guarded them, and not one of them has been lost except the son of destruction, that the Scripture might be fulfilled. 13 But now I am coming to you, and these things I speak in the world, that they may have my joy fulfilled in themselves. 14 I have given them your word, and the world has hated them because they are not of the world, just as I am not of the world. 15 I do not ask that you take them out of the world, but that you keep them from the evil one. 16 They are not of the world, just as I am not of the world. 17 Sanctify them in the truth; your word is truth. 18 As you sent me into the world, so I have sent them into the world. 19 And for their sake I consecrate myself, that they also may be sanctified in truth. 20 "I do not ask for these only, but also for those who will believe in me through their word, 21 that they may all be one, just as you, Father, are in me, and I in you, that they also may be in us, so that the world may believe that you have sent me. 22 The glory that you have given me I have given to them, that they may be one even as we are one,

5. 예수님께서 모든 신자의 하나됨을 위해 기도하신 이유는 무엇입니까(23)? 예수님은 어떻게 기도의 끝을 맺으십니까(24~26)?

23 I in them and you in me, that they may become perfectly one, so that the world may know that you sent me and loved them even as you loved me. 24 Father, I desire that they also, whom you have given me, may be with me where I am, to see my glory that you have given me because you loved me before the foundation of the world. 25 O righteous Father, even though the world does not know you, I know you, and these know that you have sent me. 26 I made known to them your name, and I will continue to make it known, that the love with which you have loved me may be in them, and I in them."

1. 당신은 요즘 기도 생활을 어떻게 하고 있습니까? 예수님의 기도와 우리 기도의 다른 점을 찾아보고 배운 점을 나누어 보십시오(기도의 자세, 기도 대상과의 친밀성, 기도의 순서, 기도의 정신 등). 이 기도는 예수님께서 십자가 고난을 앞두고 하신 것입니다. 사도 요한은 십자가의 죽음을 고난으로 보지 않고 영광으로 보았는데 당신의 견해는 어떻습니까?

2. 예수님께서 제자들을 위해 기도하신 내용을 통해 '제자 양성'에 대한 어떤 지혜를 배웠습니까? 또한 예수님의 전체 교회를 향한 기도 가운데 하나됨을 강조하는 모습을 볼 때 한국 교회가 배워야 할 점은 무엇이라고 생각합니까?

함께 기도합시다

올바른 기도

그리스도인들이 생명력 있게 살기 위해서는 하나님으로부터 오는 '은혜의 공급'이 있어야만 합니다. 은혜의 공급은 통상적으로 말씀과 성례를 통하여 성령님으로부터 주어지지만, 기도도 하나님께서 은혜를 베푸시는 중요한 통로이며 수단입니다. 예수님의 십자가 구속의 완성으로 성령님이 이미 우리 가운데 계시지만, 그 은혜를 덧입는 길은 기도입니다. 따라서 기도가 하나님의 은혜를 누리는 중요한 방편이 되는 것입니다.

이처럼 중요한 그리스도인의 기도는 어떻게 해야 하는 것일까요? 날마다 하는 기도이지만 어렵게 느껴질 때가 있습니다.

은혜를 덧입는 기도는 자신의 많은 정성과 간구로 되는 것은 결코 아닙니다. 은혜는 '예수님의 대속으로 모든 하늘의 보화를 우리에게 주시기로 작정하셨으므로 주시는 것'을 의미합니다. 우리의 기도가 공로가 되어 하나님의 은혜를 덧입는 것이 아님을 분명히 알아야 합니다. 우리가 예수 그리스도의 구속으로 속량되어 하나님의 아들이 되었으므로, 기도하는 것은 우리 아버지께 자기의 필요를 청구하는 것입니다. 또한 주 예수 그리스도의 이름으로 하나님께 나아감이 바른 기도의 통로이고 권세입니다. 모든 기도는 예수 그리스도 이름으로 행해져야 합니다. 예수 그리스도의 이름으로 행해진 기도만이 하나님이 받으시고 은혜를 주시는 기도이며 응답받는 기도입니다. 회개는 그리스도인이 늘 해야 하는 필수적 요소입니다. 회개는 죄를 나열하는 고백이 아니어야 하며, 주 예수의 피로 죄에 대한 용서를 구할 때만이 의미가 있게 됩니다. 주 예수의 이름으로 기도하고, 그의 피에 의지해서 죄를 회개하고, 하나님 아버지께 모든 필요를 구해야 합니다. 그럴 때 넘치는 은혜를 누릴 수 있습니다.

자기 고집과 뜻대로 간구하기보다는 하나님 앞에서 바른 기도 생활을 함으로 성령님께서 일하시도록 자리를 마련하고 위탁하는 기도를 배울 수 있길 바랍니다.

20과

배반당하신 예수님

요한복음 18:1~27(25)

시몬 베드로가 서서 불을 쬐더니 사람들이 묻되 너도 그 제자 중 하나가 아니냐 베드로가 부인하여 이르되 나는 아니라 하니

마지막 기도를 마치신 후 예수님께서는 제자들과 함께 예루살렘 성밖으로 나가셔서 기드론 시내를 지나 겟세마네 동산이라는 곳으로 들어가셨습니다. '겟세마네'라는 말은 '기름틀'이라는 뜻으로 감람유를 짜는 기름집이 있었던 모양입니다. 예수님께서는 이곳에 자주 오셔서 쉬기도 하시고 기도도 하시던 장소이기에 유다도 익히 아는 곳이었습니다(눅 22:39). 날이 새면 예수님께서는 십자가에 못 박히게 되실 것이기에 그날 밤은 너무나 무섭고 고통스러운 밤이었을 것입니다. 마치 기름틀에 있는 올리브 열매처럼 몸이 으깨어지도록 부르짖는 슬픔의 밤이었을 것입니다.

예수님께서는 가룟 유다가 자기를 배신하고 대제사장과 함께 꾸민 흉계를 행동으로 옮길 것을 알고 계셨습니다. 그래서 죽음을 피해 겟세마네 동산에 가지 않으실 수도 있었지만 예수님께서는 오히려 십자가를 질 준비를 하고 유다를 기다리고 계셨습니다. 이미 아버지께서 주신 '고난의 잔'을 마시고자 비장한 각오를 하셨기 때문입니다. 예수님께서는 자신의 죽음을 하나님의 시간에 맞추어 던지셨고 스스로 그들의 손에 잡히셨습니다. 제자들을 보호하시기 위해 순순히 체포당하는 길을 선택하셨습니다. 양들을 지키고 그들에게 생명을 주시며 하나님의 뜻을 이루는 유일한 길이었기 때문입니다. 예수님께서는 그 후 사랑하는 제자들에게 배반당하시고 무력하게 체포되어 심문 당하십니다.

1. 유다와 군인들이 어떤 모습으로 예수님을 찾아왔습니까
   (1~3)? 예수님께서는 이들을 어떻게 맞으셨습니까(4, 5)?
   무리가 왜 땅에 엎드러졌습니까(6)?

2. 예수님께서 제자들을 어떻게 보살펴 주셨습니까(7~9)?
   시몬 베드로가 취한 행동은 무엇이며 그 행동에 대하여 예
   수님께서는 어떻게 반응하십니까(10, 11)?

ESV

[1] When Jesus had spoken these words, he went out with his disciples across the brook Kidron, where there was a garden, which he and his disciples entered. [2] Now Judas, who betrayed him, also knew the place, for Jesus often met there with his disciples. [3] So Judas, having procured a band of soldiers and some officers from the chief priests and the Pharisees, went there with lanterns and torches and weapons. [4] Then Jesus, knowing all that would happen to him, came forward and said to them, "Whom do you seek?" [5] They answered him, "Jesus of Nazareth." Jesus said to them, "I am he." Judas, who betrayed him, was standing with them. [6] When Jesus said to them, "I am he," they drew back and fell to the ground. [7] So he asked them again, "Whom do you seek?" And they said, "Jesus of Nazareth." [8] Jesus answered, "I told you that I am he. So, if you seek me, let these men go." [9] This was to fulfill the word that he had spoken: "Of those whom you gave me I have lost not one." [10] Then Simon Peter, having a sword, drew it and struck the high priest's servant and cut off his right ear. (The servant's name was Malchus.) [11] So Jesus said to Peter, "Put your sword into its sheath; shall I not drink the cup that the Father has given me?"

3. 예수님께서는 체포되어 어디로 끌려가셨습니까(12~14)?
   베드로와 다른 한 제자가 어떻게 해서 대제사장 집안 뜰
   까지 들어가게 되었습니까(15~16)? 거기에서 무슨 일이
   있었습니까(17~18)?

4. 대제사장이 예수님께 무슨 질문을 합니까(19)? 이에 대
   한 예수님의 대답이 무엇입니까(20~21)? 불경하게 답한
   다고 한 병사가 취한 행동이 무엇이며(22), 예수님께서는
   불의에 어떻게 항거하십니까(23)?

[12] So the band of soldiers and their captain and the officers of the Jews arrested Jesus and bound him. [13] First they led him to Annas, for he was the father-in-law of Caiaphas, who was high priest that year. [14] It was Caiaphas who had advised the Jews that it would be expedient that one man should die for the people. [15] Simon Peter followed Jesus, and so did another disciple. Since that disciple was known to the high priest, he entered with Jesus into the courtyard of the high priest, [16] but Peter stood outside at the door. So the other disciple, who was known to the high priest, went out and spoke to the servant girl who kept watch at the door, and brought Peter in. [17] The servant girl at the door said to Peter, "You also are not one of this man's disciples, are you?" He said, "I am not." [18] Now the servants and officers had made a charcoal fire, because it was cold, and they were standing and warming themselves. Peter also was with them, standing and warming himself.

5. 예수님께서는 다시 누구에게 보내지십니까(24)? 베드로가
   사람들 앞에서 어떻게 예수님을 부인했습니까(25~27)?
   예수님의 예언이 어떻게 성취되었습니까(13:38)?

ESV

[19] The high priest then questioned Jesus about his disciples and his teaching. [20] Jesus answered him, "I have spoken openly to the world. I have always taught in synagogues and in the temple, where all Jews come together. I have said nothing in secret. [21] Why do you ask me? Ask those who have heard me what I said to them; they know what I said." [22] When he had said these things, one of the officers standing by struck Jesus with his hand, saying, "Is that how you answer the high priest?" [23] Jesus answered him, "If what I said is wrong, bear witness about the wrong; but if what I said is right, why do you strike me?" [24] Annas then sent him bound to Caiaphas the high priest. [25] Now Simon Peter was standing and warming himself. So they said to him, "You also are not one of his disciples, are you?" He denied it and said, "I am not." [26] One of the servants of the high priest, a relative of the man whose ear Peter had cut off, asked, "Did I not see you in the garden with him?" [27] Peter again denied it, and at once a rooster crowed.

1. 예수님께서는 결국 사랑하는 제자의 손에 의해 체포되셨습니다. 가룟 유다의 실패 원인이 무엇이라고 생각하십니까(12:6; 13:2, 21~30; 딤전 6:10; 행 1:17~18)? 현대인들에게서 어떤 공통점을 찾을 수 있는지 나눠 봅시다.

2. 예수님을 체포하러 온 군사들 앞에서는 당당하던 베드로가 세 번이나 예수님을 부인합니다. 시몬 베드로의 실패 원인이 어디에 있다고 생각합니까(13:37; 막 14:37~38; 고전 10:12~13)? 당신의 신앙 생활에서도 비슷한 점이 있습니까?

함께 기도합시다

예수님과 베드로

예수님과 베드로의 행동은 대조를 이루고 있습니다. 베드로가 취한 행동은 온 교회에 교훈과 위로를 동시에 줍니다. 우리에게 자만심과 자신감이 얼마나 위험한가를 가르쳐주며, 또한 우리가 슬픈 패배를 당하지 않는 방법도 가르쳐 줍니다.

예수님께서는 "내가 바로 너희가 찾는 예수"라 밝히시면서 주도권을 가지고 체포에 응함으로 제자들을 보호하시고자 했습니다. 그러나 베드로는 무력으로 예수님을 체포하러 온 사람들에 대항하며 만용을 부리는 모습을 보입니다. 예수님께서는 이방인의 손에 넘겨져 죽임을 당하실 것을 예언하셨지만, 베드로는 그 말씀을 완전히 잊어버리고 마치 앞으로 일어날 일을 자신이 막을 수 있는 것처럼 경솔한 행동을 했습니다. 그의 성급한 기질은 그로 하여금 지식에 따르지 않고 충동적으로 행동하게 했고 결국 후회를 남겼습니다. 그러나 예수님은 그의 연약함까지도 감싸 주셨습니다.

동산에서 체포된 예수님은 전임 대제사장이요, 현 대제사장의 장인인 안나스의 집으로 호송되었습니다. 안나스는 9년 동안 대제사장 행세를 하면서 자기 아들과 사위를 모두 제사장으로 만들었습니다. 이미 면직된 상태이지만, 밤중에 사람을 체포하여 심문하는 불법을 자행합니다. 예수님은 이 불법성을 잘 알고 계셨기 때문에 묵비권을 행사하셨고, 다음날 새벽녘 가야바는 산헤드린 공회를 정식으로 소집합니다. 이것도 불법이었지만 예수님은 대담하게 재판에 임하셨습니다. 베드로는 예수님을 죽기까지 따르겠다고 호언장담 했지만(13:37) 주의 만찬을 받은 직후, 그 감동이 사라지기도 전에 예수님의 제자임을 세 번이나 부인하며 병졸들과 함께 불을 쬐는 비겁한 모습을 보입니다. 제자들의 변호를 받아야 할 시점에 예수님은 오히려 사랑하는 제자로부터 배반 당하셨습니다. 예수님의 마음이 어땠을까요?

21과

사형 선고를 받으신 예수님

이에 예수를 십자가에 못 박도록 그들에게 넘겨 주니라

유대 관리들은 예수님을 총독 빌라도에게 고발합니다. 빌라도는 처음에 유대인들이 예수님에 대하여 제기하는 문제가 그들 간의 종교적 문제라고 생각하여 유대인들의 공회인 산헤드린에서 재판하라고 하며 자신이 재판을 하지 않으려 했습니다. 그러나 유대인들은 '우리는 사람을 죽일 권리가 없다'고 대답하며 빌라도에게 예수님을 재판하여 처형해 달라고 요청합니다. 당시 사형권은 일반적으로 로마 정권에 유보되어 있었고 유대 재판정에는 허락되지 않았습니다. 간혹 유대 재판정에서 하나님을 욕되게 하거나 백성을 미혹하여 재앙을 가져온 거짓 선지자를 신명기 13장의 법에 따라 돌로 쳐 죽이는 사형을 집행하기도 하였습니다. 스데반의 경우가 이를 말해 줍니다(행 7:57~58).

그런데 유대인들이 굳이 율법대로 예수님을 돌로 쳐 죽이기를 꺼려하고 빌라도에게 재판 받게 한 것은 예수님께서 거짓 메시아로 하나님의 저주를 받아 십자가에 처형당한 것을(신 21:23) 합법적으로 증거해서 '예수 운동'을 종식시키려 했기 때문입니다. 당시 예수님은 민중들로부터 추앙을 받는 상태였기 때문에 만일 예수님을 투석 처형했다가는 역효과를 가져올 수 있는 상황이었습니다.

하나님은 유대 지도자들의 이 모든 악한 행위를 사용하셔서 인류의 구원 역사를 이루셨습니다. 악을 선으로 바꾸어 구약의 약속을 성취하며 새 언약을 이루시는 하나님의 놀라운 섭리를 배우는 시간이 되길 바랍니다.

1. 예수님은 총독의 관저에서 빌라도 앞에 서게 됩니다. 유대인들이 관정에 들어가지 않은 이유가 무엇입니까(28; 눅 11:39)? 유대인들이 원하는 바가 무엇입니까(29~31)? 유대인들이 로마법에 의해 정당하게 처형하고자 한 것이 어떠한 결과를 낳았습니까(32; 막 10:33)?

2. 빌라도가 어떻게 고소 내용을 직접 조사합니까(33~38)? 예수님께서는 빌라도의 질문에 대한 답변에 자신의 왕권에 대해 뭐라고 설명하십니까(36~37)? 조사 결과 빌라도가 얻은 결론은 무엇입니까(38)?

ESV

18:28 Then they led Jesus from the house of Caiaphas to the governor's headquarters. It was early morning. They themselves did not enter the governor's headquarters, so that they would not be defiled, but could eat the Passover. **29** So Pilate went outside to them and said, "What accusation do you bring against this man?" **30** They answered him, "If this man were not doing evil, we would not have delivered him over to you." **31** Pilate said to them, "Take him yourselves and judge him by your own law." The Jews said to him, "It is not lawful for us to put anyone to death." **32** This was to fulfill the word that Jesus had spoken to show by what kind of death he was going to die. **33** So Pilate entered his headquarters again and called Jesus and said to him, "Are you the King of the Jews?" **34** Jesus answered, "Do you say this of your own accord, or did others say it to you about me?" **35** Pilate answered, "Am I a Jew? Your own nation and the chief priests have delivered you over to me. What have you done?" **36** Jesus answered, "My kingdom is not of this world. If my kingdom were of this world, my servants would have been fighting, that I might not be delivered over to the Jews. But my kingdom is not from the world."

3. 빌라도가 예수님을 석방하기 위해 무슨 방법을 씁니까(39)?
그의 계획이 수포로 돌아가자(40) 빌라도는 다시 예수님
을 석방시키려고 어떠한 시도를 합니까(19:1~5)? 예수님께
서 당하신 고난에 대해 생각해 봅시다.

4. 유대인들이 예수님을 십자가에 못 박기 위해 내건 고소
조건이 무엇입니까(6, 7)? 관정에 다시 들어온 빌라도와
예수님의 대화를 살펴보십시오(8~10). 예수님께서는 자
신의 죽음을 주관하는 최고의 권세자가 누구라고 말씀
하십니까(11)?

5. 유대인들이 빌라도에게 어떤 정치적 압력을 가했습니까
   (12; 눅 23:2)? 빌라도가 예수님이 무죄인 것을 알면서도
   자신의 안전을 위해서 십자가에 못 박히게 넘겨줄 수밖
   에 없었던 결정적인 이유가 무엇입니까(13~16)?

1. 하나님의 섭리 가운데 죄 없으신 예수님은 십자가에 못 박히게 됩니다. 악한 인간의 의지를 통하여 하나님의 뜻을 이루어 가시는 신비스러운 과정을 보면서, 특별히 유대인들의 죄악에 대해서 생각해 봅시다.

2. 빌라도는 예수님에게 죄가 없음을 알고도 결국 십자가에 못 박도록 내어줍니다. 빌라도의 문제점은 무엇입니까? 현대 지성인들과의 공통점은 무엇입니까? 당신은 진리 앞에서 어떠한 태도를 보입니까? 예수님을 통하여 배운 점을 말해보십시오.

함께 기도합시다

빌라도와 예수님

　"사람을 두려워하면 올무에 걸리게 된다(잠 29:25)"는 말씀처럼 사람들이 무서워서 자신의 행동이 잘못된 줄 알면서도 행하지 못하는 자가 지도자가 되는 것은 참으로 불행한 일입니다. 로마 총독 빌라도는 옳고 그름을 알면서도 자기가 아는 바대로 행하지 못한 비열하고 연약한 성품을 가진 자였습니다. 빌라도는 예수님께서 유대인들에게 인기가 많다는 사실을 알고 있었고, 유대 지도자들의 시기를 받는 것도(마 27:18) 알았습니다. 그렇지만 그는 정의와 공평을 실천하지 못하고 분명한 사건 앞에서 주춤거리는 모습을 보입니다. 결국 사람들의 인기를 위해 기회주의적인 태도를 취하고 타협했던 것입니다.

　반면 예수님은 십자가에서 사람들의 저주 속에 죽어야 하는 입장에 있었지만, 회피하지 않으시고 단호하게 할 말만 하시며 모진 심문과 채찍을 이겨 내십니다. 십자가의 죽음 외에 인류를 구할 다른 구원의 길이 없었기 때문입니다. 이 길은 하나님께서 오래 전에 미리 작정하신 것으로, 하나님은 이 구원의 역사를 유대인들의 불순종이라는 반역을 통하여 이루십니다. 하나님은 자신의 뜻을 이루기 위해 가끔 악하게 보이는 것들을 허용하실 때가 있습니다. 십자가의 사건도 이러한 역설(irony)로 가득 차 있습니다.

　빌라도는 본문에서 세 번 이상 예수님에게 죄가 없음을 언급합니다(18:38; 19:4, 6). 그래서 죄 없는 예수님을 놓아주고자 유월절 특사를 생각해 냈습니다. 또한 예수님을 죽을 정도로 때려 사람들에게 동정을 받게 하려고 했지만 이것조차 실패했습니다. 오히려 성난 민중들이 빌라도를 협박하며 "가이사의 충신이 아니다"고 자극하자 그 위기의 상황에서 불의한 재판관이 되어 예수님을 십자가에 내어줍니다. 빌라도는 오늘날까지 그리스도인들에 의해 심판을 받고 있지만, 하나님은 그의 연약함을 통해 하나님의 뜻을 이루는 도구로 사용합니다. 하나님의 섭리는 너무나 오묘하다는 사실을 보여 주는 사건이 아닐 수 없습니다.

십자가에 못 박히신 예수님

요한복음 19:17~42(30)

예수께서 신 포도주를 받으신 후에 이르시되 다 이루었다 하시고 머리를 숙이니 영혼이 떠나가시니라

진리의 편에 서지 않은 빌라도는 유대인들의 압력에 못 이겨 예수님을 십자가에 못 박도록 내어줍니다. 빌라도는 십자가에 "나사렛 예수 유대인의 왕"이라는 죄목을 쓴 패를 붙입니다. 당시 십자가에 못 박힌 사람의 머리 위에 이름을 쓴 판자를 붙이는 것은 널리 알려진 관습이었습니다.

빌라도가 의도했든 안했든 간에 이 패의 죄목은 지나가던 모든 사람들의 주의를 기울일 만한 것이었음이 분명합니다. 또한 온 세상 사람이 다 알아볼 수 있도록 히브리어, 로마어, 헬라어로 썼습니다. 히브리어는 성경의 계시를 기록한 하나님 백성의 언어였고, 로마 제국의 언어인 라틴어는 세계를 지배하는 공식 언어이자 제국의 법률을 기록했으며, 헬라어는 문명권의 언어로 동방의 나라들 전체에 잘 알려진 교육 받은 사람들이 사용하는 언어였습니다. 결국 빌라도는 예수님을 온 세상에 왕으로 선포한 것입니다. 예수님은 십자가의 죽음을 통하여 히브리어를 쓰는 유대인 중 그를 믿는 자들과 라틴어와 헬라어를 쓰는 사람 중 그를 믿는 자들로 하나님 나라의 새 백성을 이루었습니다. 예수님은 십자가에 달려서 들어올려짐으로 하나님의 새 백성을 창조하신 것입니다. 이 시간 예수님의 십자가와 내가 무슨 상관이 있는지 깊이 깨닫는 시간이 되길 바랍니다.

1. 예수님은 어디에서 어떻게 십자가에 못 박히셨습니까(17, 18)? 예수님의 십자가 위에는 무슨 타이틀이 붙어 있습니까(19, 20)? 빌라도는 어떤 방법으로 자기의 진실을 나타냅니까(21, 22)?

2. 군병들이 예수님의 옷을 어떻게 했습니까(23, 24)? 이로 인해 성취된 성경 말씀은 무엇입니까(시 22:18)?

ESV

[17] and he went out, bearing his own cross, to the place called The Place of a Skull, which in Aramaic is called Golgotha. [18] There they crucified him, and with him two others, one on either side, and Jesus between them. [19] Pilate also wrote an inscription and put it on the cross. It read, "Jesus of Nazareth, the King of the Jews." [20] Many of the Jews read this inscription, for the place where Jesus was crucified was near the city, and it was written in Aramaic, in Latin, and in Greek. [21] So the chief priests of the Jews said to Pilate, "Do not write, 'The King of the Jews,' but rather, 'This man said, I am King of the Jews.'" [22] Pilate answered, "What I have written I have written." [23] When the soldiers had crucified Jesus, they took his garments and divided them into four parts, one part for each soldier; also his tunic. But the tunic was seamless, woven in one piece from top to bottom, [24] so they said to one another, "Let us not tear it, but cast lots for it to see whose it shall be." This was to fulfill the Scripture which says, "They divided my garments among them, and for my clothing they cast lots." So the soldiers did these things,

3. 예수님의 십자가 곁에는 어떤 이들이 있었습니까(25)?
십자가에 달리신 예수님이 어머니에 대한 의무를 어떻게
다하고 계십니까(26~27; 막 3:21, 34~35)?

4. 예수님께서 십자가에서 어떻게 인간의 고통에 참여하고 계십
니까(28~29)? 예수님께서 운명하시면서 마지막 하신 말씀이
무엇입니까(30)? 그 의미를 말해 보십시오.

ESV

25 but standing by the cross of Jesus were his mother and his mother's sister, Mary the wife of Clopas, and Mary Magdalene. 26 When Jesus saw his mother and the disciple whom he loved standing nearby, he said to his mother, "Woman, behold, your son!" 27 Then he said to the disciple, "Behold, your mother!" And from that hour the disciple took her to his own home. 28 After this, Jesus, knowing that all was now finished, said (to fulfill the Scripture), "I thirst." 29 A jar full of sour wine stood there, so they put a sponge full of the sour wine on a hyssop branch and held it to his mouth. 30 When Jesus had received the sour wine, he said, "It is finished," and he bowed his head and gave up his spirit. 31 Since it was the day of Preparation, and so that the bodies would not remain on the cross on the Sabbath (for that Sabbath was a high day), the Jews asked Pilate that their legs might be broken and that they might be taken away. 32 So the soldiers came and broke the legs of the first, and of the other who had been crucified with him. 33 But when they came to Jesus and saw that he was already dead, they did not break his legs. 34 But one of the soldiers pierced his side with a spear, and at once there came out blood and water.

5. 예수님의 죽음이 확실하다는 증거가 무엇입니까(31~34)?
   어떠한 성경 말씀이 다 이루어졌습니까(36~37; 출
   12:46; 민 9:12)? 저자가 왜 이 사실을 강조합니까(35)?

6. 예수님의 장례를 도운 두 사람이 누구입니까(38~39)? 장례
   절차(40)와 묻히신 장소에 대하여 말해 보십시오(41, 42).

1. 십자가에 못 박히신 예수님이 하나님의 아들 그리스도이심을 나타내 주는 증거들을 찾아보십시오. 예수님의 십자가의 고난과 죽음이 당신에게 무슨 의미가 있습니까(사 53:5~6; 엡 1:7; 벧전 2:21)?

2. 예수님의 십자가 앞에서 어떻게 신자와 불신자가 나누어지는지 생각해 보십시오. 그들의 특징이 무엇입니까? 당신은 십자가를 자랑하고 증거하십니까(고전 1:18)?

함께 기도합시다

"다 이루었다"

예수님께서는 죄가 없으셨으나 죄인 취급받으셨고 온갖 수모와 인격적인 모독을 당하시며 정신적 고통을 감내하셨습니다. 뿐만 아니라 양손과 발에 못을 박히시고 피를 흘리며 온 몸이 부서져 내리는 통증, 말로 형언할 수 없는 육체적 고통을 비명 한마디 지르지 않고 마지막까지 정신을 유지하며 참으셨습니다. 예수님을 더욱 괴롭게 했던 것은 하나님으로부터 버림을 받아 저주의 대가를 감당해야 하는 영적인 고통이었을 것입니다.

그리고 마지막 호흡을 몰아쉬기 직전에 힘을 다하여 외치신 한마디는 헬라어로 '테텔레스타이' 입니다. 그 의미는 '다 지불되었다' 는 완성의 의미입니다. 알렉산더나 가이사처럼 승리자로서, 정복자로서가 아니라 십자가 위에서 처절히 죽어 가는 자가 외친 말입니다. "다 이루었다" 십자가의 죽음만이 하나님의 본질적인 계시의 완성임을 선포하는 오묘한 진리인 것입니다.

이 말씀은 구약에 예언한 모든 약속과 예언의 말씀이 예수님 안에서 성취되었음을 선포합니다. 하나님께로부터 보냄 받은 자로서 위임 받은 일 즉 하나님을 계시하고 인류에 대한 하나님의 구원을 이루는 대속을 완성하신 것입니다. 예수님이 십자가에서 죄인들을 위해 대신 죽으심으로 하나님의 공의와 사랑을 온전히 드러내셨습니다. 그로 인해 우리가 하나님 나라로 들어갈 수 있는 길이 활짝 열리게 된 것입니다. 아무도 접근할 수 없도록 막아 두었던 지성소의 휘장이 둘로 갈라졌습니다. 그 결과 우리가 예수님의 이름을 힘입어 성소에 들어갈 담력을 얻게 된 것입니다. "다 이루었다" 이 말씀을 통해 우리는 주님의 희생적이고, 무조건적이고, 영원한 사랑이 어떠한 것인지를 분명히 알게 됩니다(롬 5:8).

23과

부활하신 예수 그리스도

요한복음 20:1~31(29)

예수께서 이르시되 너는 나를 본 고로 믿느냐 보지 못하고 믿는 자들은 복되도다 하시니라

예수님의 부활은 기독교의 핵심이 되는 진리입니다. 부활이 거짓이면 기독교도 거짓입니다. 부활이 진실이면 기독교의 진리도 진실입니다. 부활이 사실이기에 우리의 믿음이 복된 것이지, 만약 부활이 거짓이라면 우리의 믿음도 헛것이고 세상에서 예수님 믿는 사람만큼 불쌍한 사람도 없을 것입니다. 신앙생활을 똑바로 하려면 예수님의 부활을 추호의 흔들림 없이 믿는 믿음을 가져야 합니다. 많은 사람들은 예수 그리스도의 부활을 생물학적으로 불가능한 것이라 하며 예수 그리스도의 부활을 부정합니다. 그러나 부활이 조작된 것이라면 겁 많던 예수님의 제자들이 부활의 증인으로 목숨을 바칠 수 없었을 것입니다.

부활은 막달라 마리아의 이야기로 시작됩니다. 안식일 후 첫날 일찍이 예수님의 무덤에 갔습니다. 그곳에서 마리아는 굳게 닫혀 있던 무덤의 큰 돌이 없어지고 무덤은 텅 비어 있는 것을 발견합니다. 이 사실을 급히 제자들에게 알려 예수님의 무덤에 함께 가 보았지만, 예수님의 시신은 없었고 무덤은 비어 있는 것을 모두 확인하게 됩니다. 예수님은 성경의 약속대로 부활한 것입니다. 이 시간 부활하신 예수님을 깊이 만나는 시간이 되길 바랍니다.

1. 막달라 마리아가 언제 무덤에 왔습니까(1)? 그 무덤의 상황은 어떠했으며 이를 본 마리아는 어떠한 결론을 내렸습니까(2, 13, 15)?

2. 마리아의 말을 들은 두 제자가 무덤에 달려가서 발견한 것이 무엇입니까(5~7)? 예수님의 무덤을 확인한 두 제자의 반응은 어떠합니까(8~10)?

ESV

1 Now on the first day of the week Mary Magdalene came to the tomb early, while it was still dark, and saw that the stone had been taken away from the tomb. 2 So she ran and went to Simon Peter and the other disciple, the one whom Jesus loved, and said to them, "They have taken the Lord out of the tomb, and we do not know where they have laid him." 3 So Peter went out with the other disciple, and they were going toward the tomb. 4 Both of them were running together, but the other disciple outran Peter and reached the tomb first. 5 And stooping to look in, he saw the linen cloths lying there, but he did not go in. 6 Then Simon Peter came, following him, and went into the tomb. He saw the linen cloths lying there, 7 and the face cloth, which had been on Jesus' head, not lying with the linen cloths but folded up in a place by itself. 8 Then the other disciple, who had reached the tomb first, also went in, and he saw and believed; 9 for as yet they did not understand the Scripture, that he must rise from the dead. 10 Then the disciples went back to their homes. 11 But Mary stood weeping outside the tomb, and as she wept she stooped to look into the tomb. 12 And she saw two angels in white, sitting where the body of Jesus had lain, one at the head and one at the feet.

3. 돌아간 두 제자들과 달리 마리아는 무덤 앞에서 울다 부활하신 예수님을 만납니다. 마리아는 천사들과 무슨 대화를 합니까(12~13)? 마리아와 그에게 나타난 예수님과의 대화를 살펴보십시오(14~16). 예수님을 알아본 마리아에게 어떠한 사명을 맡기십니까(17~18)?

4. 본문은 요한복음의 오순절입니다. 부활하신 예수님께서 두려움과 공포 가운데 떨고 있는 제자들에게 어떠한 선교 명령을 주십니까(19~21, 23)? 제자들이 어떻게 이 사명을 감당할 수 있습니까(22; 행 1:8)?

13 They said to her, "Woman, why are you weeping?" She said to them, "They have taken away my Lord, and I do not know where they have laid him." 14 Having said this, she turned around and saw Jesus standing, but she did not know that it was Jesus. 15 Jesus said to her, "Woman, why are you weeping? Whom are you seeking?" Supposing him to be the gardener, she said to him, "Sir, if you have carried him away, tell me where you have laid him, and I will take him away." 16 Jesus said to her, "Mary." She turned and said to him in Aramaic, "Rabboni!" (which means Teacher). 17 Jesus said to her, "Do not cling to me, for I have not yet ascended to the Father; but go to my brothers and say to them, 'I am ascending to my Father and your Father, to my God and your God.'" 18 Mary Magdalene went and announced to the disciples, "I have seen the Lord"—and that he had said these things to her. 19 On the evening of that day, the first day of the week, the doors being locked where the disciples were for fear of the Jews, Jesus came and stood among them and said to them, "Peace be with you." 20 When he had said this, he showed them his hands and his side. Then the disciples were glad when they saw the Lord. 21 Jesus said to them again, "Peace be with you. As the Father has sent me, even so I am sending you."

5. 도마는 부활하신 예수님을 만나기 전 예수님의 부활에
   대해 어떠한 태도를 가졌습니까(24, 25)? 예수님은 도마
   가 부활 신앙을 갖도록 어떻게 도우십니까(26~29)?

____

____

____

____

____

6. 저자가 이 복음서를 기록한 목적이 무엇입니까(31)? 믿는
   자가 예수님의 이름으로 얻은 생명이 어떠한 생명입니까
   (3:16; 10:10)?

____

____

____

____

____

1. 당신은 예수님의 부활을 확실히 믿습니까? 본문에 예수님께서 부활하셨다는 증거들을 찾아보십시오. 그럼에도 불구하고 사람들이 예수님의 부활을 믿지 못하는 이유가 무엇 때문이라고 생각하십니까?

2. 부활하신 예수님을 만난 사람들의(마리아와 제자들, 도마) 변화를 말해 보십시오. 부활 신앙을 가진 인생과 그렇지 않은 인생이 어떠한 점에서 다릅니까? 당신의 삶이 앞으로 어떻게 변화되어야겠습니까?

함께 기도합시다

부활의 증인들

부활이 역사적 사실이요, 우리 신앙의 근본임을 부활의 증인들을 통하여 확신하게 됩니다. 부활은 죽음의 법을 깨뜨려 새 생명의 법을 도입합니다. 죄와 죽음의 세력 아래 신음하던 자들이 사망의 법에서 승리하여 의와 생명의 법으로 살게 됩니다.

막달라 마리아는 부활 신앙으로 눈물이 기쁨으로 바뀌는 체험을 했습니다. 마리아는 예수님의 처참한 죽음 앞에 슬픔을 가누지 못했습니다. 누구보다 예수님을 사랑했기에 마음에 상처도 컸습니다. 아리마대 요셉과 니고데모가 예수님을 무덤에 안치했지만 이 일이 너무 마음에 걸렸습니다. 그래서 사흘째 되던 날, 이른 아침에 향유를 들고 무덤으로 달려갔다가 시체가 온데간데없이 사라진 것을 목격하고 슬픔에 싸여 눈물만 흘리고 있었습니다. 그러나 부활하신 주님을 만나고 큰 기쁨으로 부활의 기쁜 소식을 선포하는 자가 되었습니다. 슬픔 대신에 큰 은혜를 체험하게 된 것입니다.

제자들은 자기들의 스승이 비참하게 죽자 제자인 자신들에게도 피해가 갈 것을 예상하여 모두들 공포에 짓눌려 문을 꼭꼭 걸어 잠그고 두문불출하고 있었습니다. 얼마나 두려움에 떨고 있었을지 상상이 갑니다. 그런데 비참하게 죽으신 예수님께서 눈앞에 나타나셨습니다. 예수님께서 "샬롬"이라 말씀하시자 가슴을 누르던 공포는 사라지고 샘솟는 기쁨이 찾아왔습니다. 특히 듣는 것으로 만족하지 못하고, 보고 만져봐야만 믿겠다고 외치던 의심 많은 도마는 부활하신 주님을 만나 변화되어 후에는 인도에서 복음을 외치다 순교하기까지 했습니다.

부활하신 예수님을 통해, 캄캄하고 소망이 없는 것처럼 보이는 곳에도 믿음의 눈으로 바라보면 소망이 있고 미래가 있음을 우리는 알 수 있습니다. 당신은 어떠한 눈으로 이 세상을 바라보고 계십니까? 부활의 주님은 우리에게 생명을 주십니다. 아멘.

24과

네가 나를 사랑하느냐?

요한복음 21:1~25(17)

세 번째 이르시되 요한의 아들 시몬아 네가 나를 사랑하느냐 하시니 주께서 세 번째 네가 나를 사랑하느냐 하시므로 베드로가 근심하여 이르되 주님 모든 것을 아시오매 내가 주님을 사랑하는 줄을 주님께서 아시나이다 예수께서 이르시되 내 양을 먹이라

21장은 에필로그로써, 부활하신 예수님께서 다시 제자들에게 나타나 선교 사명을 주시는 내용입니다. 부활하신 예수님은 맨 먼저 막달라 마리아에게 나타나시고(막 16:9; 요 20:11~18), 다음에는 여인들에게 나타나셨습니다(마 28:9~10). 그리고 글로바와 그 동행자들에 나타나시고(눅 24:13~35), 시몬에게 나타나셨습니다(눅 24:34, 고전 15:5). 제자들에게는 도마가 없을 때 나타나시고(요 20:19~25), 또한 도마가 있을 때 나타나셨습니다(요 20:26~29). 본 장은 디베랴 바닷가에서 일곱 제자들에게 공적으로 세 번째 찾아오셨을 때의 내용입니다.

제자들은 예전의 생활로 돌아가 고기를 잡기 위해 배를 탔습니다. 만선의 깃발을 펄럭이며 항구에 돌아오고자 하는 기대와 달리 밤새도록 고기를 잡았지만 빈 그물 밖에 남은 것이 없었습니다. 너무나 초라하고 계획대로 되는 것이 없어 낙심해 있었습니다. 그러나 우리의 연약함을 아시는 부활하신 주님은 과거에 대하여 일언반구도 하지 않으시고 사랑으로 찾아오셔서 고기를 잡아주시고 배고픈 제자들에게 아침을 준비해 주셨습니다. 그리고 사랑을 회복시키시고 죄책감을 치유하시며 사도직을 다시 회복시켜 주셨습니다. 이 시간 변함없는 모습으로 가슴 저리게 우리를 사랑하시는 주님의 그 사랑을 깊이 경험하길 바랍니다.

1. 부활하신 예수님은 갈릴리 해변에서 고기 잡는 제자들에게 세 번째로 나타나십니다. 베드로가 무슨 제안을 합니까(3)? 베드로의 제안이 다른 제자들에게 어떤 영향을 끼쳤습니까? 밤새도록 수고한 결과가 어떠합니까? 제자들의 심정을 상상해 보십시오.

2. 예수님이 언제 그들을 찾아오셨습니까(4)? 그들을 어떻게 도우셨습니까(5~6)? 제자들과 사랑의 관계를 어떻게 회복시키십니까(7~14)? 왜 예수님은 이런 장소와 시기를 택하셨을까요(눅 5:1~11)?

ESV

1 After this Jesus revealed himself again to the disciples by the Sea of Tiberias, and he revealed himself in this way. 2 Simon Peter, Thomas (called the Twin), Nathanael of Cana in Galilee, the sons of Zebedee, and two others of his disciples were together. 3 Simon Peter said to them, "I am going fishing." They said to him, "We will go with you." They went out and got into the boat, but that night they caught nothing. 4 Just as day was breaking, Jesus stood on the shore; yet the disciples did not know that it was Jesus. 5 Jesus said to them, "Children, do you have any fish?" They answered him, "No." 6 He said to them, "Cast the net on the right side of the boat, and you will find some." So they cast it, and now they were not able to haul it in, because of the quantity of fish. 7 That disciple whom Jesus loved therefore said to Peter, "It is the Lord!" When Simon Peter heard that it was the Lord, he put on his outer garment, for he was stripped for work, and threw himself into the sea. 8 The other disciples came in the boat, dragging the net full of fish, for they were not far from the land, but about a hundred yards off. 9 When they got out on land, they saw a charcoal fire in place, with fish laid out on it, and bread. 10 Jesus said to them, "Bring some of the fish that you have just caught."

3. 예수님께서 베드로를 시몬이라 부르면서 세 번 질문하신
   말씀이 무엇입니까(15~17)? 왜 이런 질문을 하셨다고 생
   각하십니까(마 26:33; 막 14:29)? 세 번씩이나 질문하신
   이유를 말해 보십시오(13:38).

4. 예수님께서 베드로에게 무슨 새로운 일을 맡기십니까
   (15~17)? 예수님을 사랑하는 베드로가 평생 감당해야
   하는 사명이 무엇입니까?

5. 예수님께서는 베드로의 죽음에 대해 무엇이라고 예언하
   십니까(18~19)? 베드로의 순간적인 질문이 무엇입니까
   (20~21)? 예수님의 대답 가운데 강조하신 점이 무엇입
   니까(22~23)?

ESV

[18] Truly, truly, I say to you, when you were young, you used to dress yourself and walk wherever you wanted, but when you are old, you will stretch out your hands, and another will dress you and carry you where you do not want to go." [19] (This he said to show by what kind of death he was to glorify God.) And after saying this he said to him, "Follow me." [20] Peter turned and saw the disciple whom Jesus loved following them, the one who also had leaned back against him during the supper and had said, "Lord, who is it that is going to betray you?" [21] When Peter saw him, he said to Jesus, "Lord, what about this man?" [22] Jesus said to him, "If it is my will that he remain until I come, what is that to you? You follow me!" [23] So the saying spread abroad among the brothers that this disciple was not to die; yet Jesus did not say to him that he was not to die, but, "If it is my will that he remain until I come, what is that to you?" [24] This is the disciple who is bearing witness about these things, and who has written these things, and we know that his testimony is true. [25] Now there are also many other things that Jesus did. Were every one of them to be written, I suppose that the world itself could not contain the books that would be written.

1. 당신이 예수님을 진정으로 사랑한다면 사랑의 구체적 고백이 어떻게 나타나야겠습니까? 제자들을 향하신 예수님의 사랑을 생각해 보면서 양떼들에 대한 사랑을 어떻게 나타내야겠는지 나누어 보십시오.

2. 우리가 목자생활을 하는 근본 동기를 살펴보는 것이 유익합니다. 인간적인 이상(민족애, 개인적인 성공과 명예, 업적, 보상 등)에 기초하여 주님을 섬기는 것과 예수님을 사랑함으로 섬기는 것이 어떻게 다르다고 생각하십니까? 당신은 어떠한 사명과 자세로 목자 생활을 하고 있습니까?

함께 기도합시다

목자의 조건

양 떼를 치는 일은 결코 쉬운 일이 아닙니다. 세상에서 가장 힘든 일 가운데 하나로 꼽는 사람이 있을 정도입니다. 야곱도 양 떼를 돌보는 일을 회상하며 "낮에는 더위와 밤에는 추위를 무릅쓰고 눈 붙일 겨를도 없이 지냈나이다(창 31:40)"라고 고백합니다. 다윗도 양을 치면서 경험한 것을 "사자나 곰이 와서 양 떼에서 새끼를 물어 가면 내가 따라가서 그것을 치고 그 입에서 새끼를 건져내었고(삼상 17:34~35)"라고 말합니다. 얼마나 고되고 위험한 일입니까?

이처럼 주님의 양을 돌보는 일도 힘들고 위험한 일입니다. 목자의 삶은 밤낮이 없습니다. 24시간 불침번과 같습니다. 겉으로 보면 목자라는 직분이 멋있어 보이지만 속으로 들어가면 대단히 어려운 일입니다. 잃어버린 영혼을 찾아 전도하는 일이 사람 낚는 어부의 일입니다. 또한 주님 앞에 돌아온 사람들을 목자가 양을 돌보듯이 양육하는 사역입니다. 열두 제자들이 공동체 생활을 하면서 성격적으로 부딪혀 고통을 겪었듯이, 천방지축 버릇없는 사람, 겉으론 점잖은 것 같으나 교만한 사람, 매사에 부끄러움이 많은 사람 등 별의별 사람들을 섬겨야 합니다. 목자는 이러한 사람들을 다 끌어안고 보호하고 먹여야 합니다. 희생과 헌신 없이는 불가능합니다. 예수님은 이러한 사람들을 '주님의 양', '내 양'이라고 하십니다.

예수님은 당신의 양을 당신을 사랑하는 자에게 맡기십니다. 주인을 사랑하는 사람은 아무리 고되고 힘들어도 양들을 사랑합니다. 주인을 사랑하는 마음이 적으면 그 목자는 양을 삯군처럼 먹이게 되어 있습니다. 그래서 주님은 베드로에게 세 번씩이나 "네가 나를 사랑하느냐"고 물으셨습니다. 분명히 기억해야 할 것은 주님을 사랑한다는 신앙고백이 주님께서 원하시는 삶을 살게 한다는 사실입니다. 십자가를 좋아하지 않는 것은 모든 인간의 본성입니다. 오직 사랑의 힘만이 죽음 앞에서도 담대하게 하나님께 영광 돌리는 삶을 살게 합니다. 아멘.